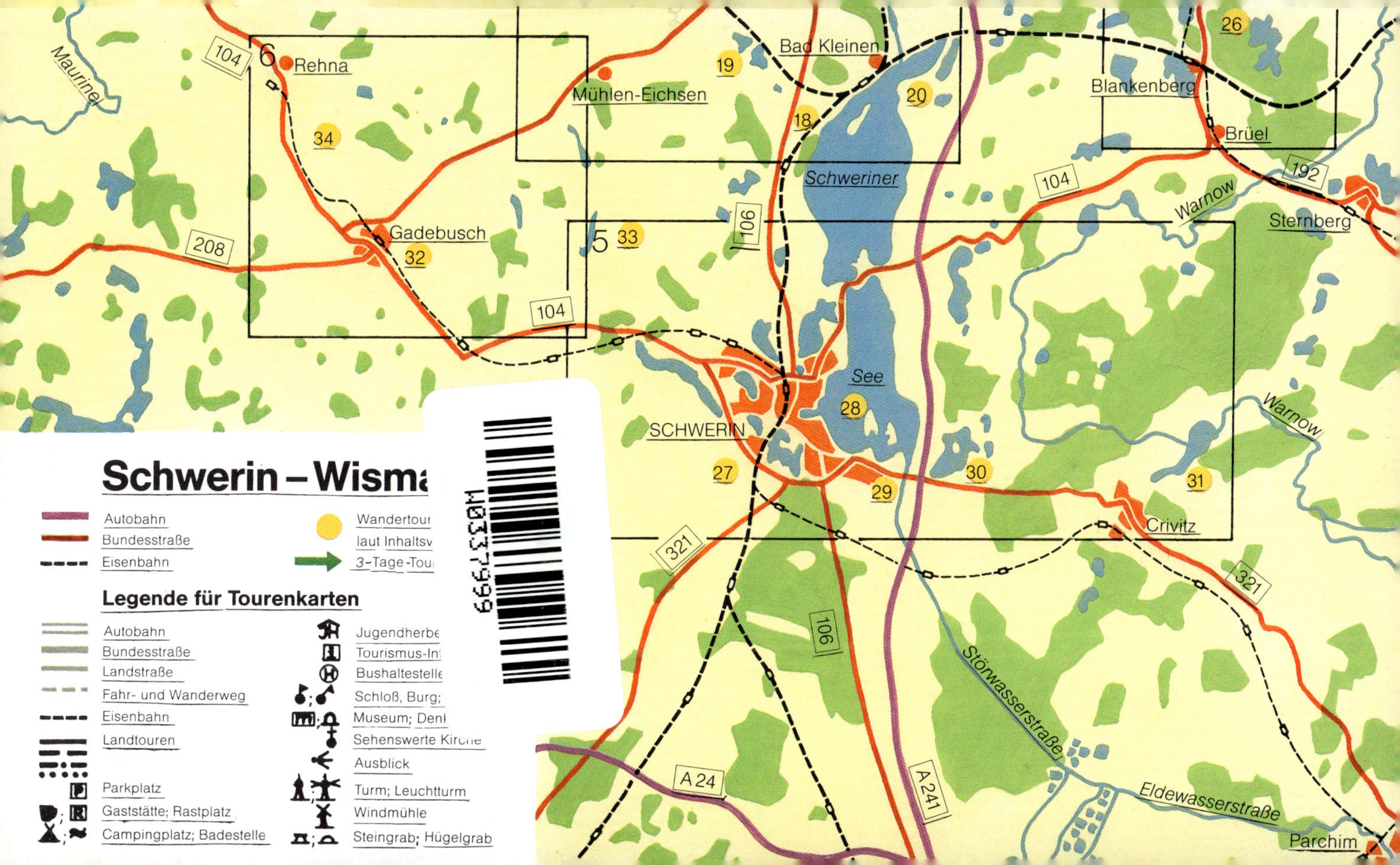

Schwerin – Wisma
Autobahn
Bundesstraße
Eisenbahn
Wandertour
laut Inhaltsv
3-Tage-Tou
Legende für Tourenkarten
Autobahn
Bundesstraße
Landstraße
Fahr- und Wanderweg
Eisenbahn
Landtouren
Parkplatz
Gaststätte; Rastplatz
Campingplatz; Badestelle
Jugendherbe
Tourismus-In
Bushaltestelle
Schloß, Burg;
Museum; Denl
Ausblick
Turm; Leuchtturm
Windmühle
Steingrab; Hügelgrab
Maurine
Rehna
Mühlen-Eichsen
Bad Kleinen
Blankenberg
Brüel
Gadebusch
Schweriner
See
SCHWERIN
Sternberg
Warnow
Crivitz
Störwasserstraße
Eldewasserstraße
Parchim
104
208
106
192
321
A 24
A 241

Familie
ler Koschny

Neumanns Landschaftsführer

# Schwerin – Wismar

## Nordwestmecklenburgisches Seen- und Küstenland

Dr. Helmut Stiehler
Joachim Saegebarth

NEUMANN
VERLAG
RADEBEUL

Foto Seite 2:
Backsteinkirche in Dreveskirchen

Fotos:
Reinhard Balzerek, Schwerin: S. 10, 13, 15, 32, 33, 37, 41, 48, 49, 52, 60, 72, 73, 80 (gelbstreifiges Klasbachtal), 88, 92, 93, 96, 98, 102, 105, 106, 113, 118
Robert Levetzow, Lübberstorf: S. 57, 89
Torsten Richter, Rehna: S. 121
Joachim Saegebarth, Kirchdorf: S. 2, 8, 22, 25, 53, 68
Dr. Helmut Stiehler, Dorf Mecklenburg: S. 19, 29, 31, 36, 44, 65, 76, 77, 109, 117, 124
Bildarchiv Thomas, Dresden: S. Titelfoto, 21 (3x), 24 (2x), 69, 81, 85

Karten:
Lutz E. Müller, Leipzig

Die Deutsche Bibliothek – CIP-Einheitsaufnahme

**Schwerin - Wismar** ; nordwestmecklenburgisches Seen- und Küstenland ; [34 Wanderungen und eine 5-Tage-Fahrradtour] / Helmut Stiehler ; Joachim Saegebarth. – Radebeul : Neumann, 1995
(Neumanns Landschaftsführer)

ISBN 3-7402-0139-8

NE: Stiehler, Helmut; Saegebarth, Joachim


Maxim-Gorki-Straße 18, 01445 Radebeul
Printed in Germany
Lektorat: Editha Thomas, Dresden
Einbandentwurf: Tinka Schlotterer, München
Gestaltung: Heide Siegemund, Dresden
Satz: Typostudio SchumacherGebler, Dresden
Druck und Verarbeitung: Westermann Druck Zwickau GmbH

Zur Schonung der Umwelt wurde für den Druck dieses Buches ein Papier, das zu 50 % aus Recyclingfasern und zu 50 % aus chlorfrei gebleichtem Zellstoff besteht, verwendet.

## Kartenempfehlung

Trotz der in diesem Band enthaltenen Tourenkarten und der Übersicht auf dem Vorsatz kann dem Touristen der Besitz folgender weiterer Karten nützlich sein:

A Ausflugskarte 40 / Auto- und Freizeitführer Mecklenburgische Seenplatte westl. Teil, 1:100 000
(haupka Verlag) ISBN 3-88495-642-6

B Regionalkarte Umgebung von Schwerin, 1:100 000
(tourist-Verlag) ISBN 3-350 00517-9

C Wismar / Klützer Winkel / Grevesmühlen, 1:50 000 Spezial Wanderkarte
(kompass Verlag) ISBN 3-87051-685-2

D Stadtplan Schwerin mit Stadtführer
nordland Verlag, ISBN 3-928397-50-8

E Stadtplan Hansestadt Wismar
Hempel-Stadtplanverlag Rostock

F Stadtplan Grevesmühlen
ISBN 3-8164-3220-4

G Umgebungskarte Wismar und Insel Poel 1:25 000
Geodäsie und Kartographie Schwerin

Die Touren wurden unmittelbar vor dem Druck erneut abgelaufen. Trotzdem können sich kurzfristig Veränderungen durch neue Markierung, Eigentumswechsel u. ä. ergeben. Der Verlag wäre dankbar, wenn die Leser solche Veränderungen mitteilen, damit die nächste Auflage berichtigt werden kann.

# Inhalt

# Tourenverzeichnis

Naturbelassene Küste – Brandung an der Insel Poel

# Zum Geleit

Galt es in der Vergangenheit, in Mecklenburg-Vorpommern Landschaften kennenzulernen, dann verband sich für die Mehrzahl der Besucher die Ostseeküste mit den Großlandschaften Fischland-Darß-Zingst und den Inseln Rügen oder Usedom. Und Seenland, das konnten doch nur die Großseenlandschaft mit Müritz, Kölpin- und Fleesensee oder die Feldberger oder die Neustrelitzer Seengebiete sein. Das nordwestliche Hügelland mit der Wismarbucht, das westliche Hügelland mit Stepenitz und Radegast und das Schweriner Seengebiet stehen allerdings den vorgenannten an Naturausstattung und Attraktivität keineswegs nach. Sie haben in der Gunst der Besucher seit der Wiedervereinigung mächtig aufgeholt, seitdem die Menschen aus den Ballungsräumen Kiel, Hamburg und Lübeck hierherkommen. Und das zu Recht! Die Strände an der Wohlenberger Wiek oder auf der Insel Poel können sich mit denen des Darß oder Rügens durchaus messen. Die größtenteils unverbauten Bach- und Flußläufe von Radegast, Maurine oder Oberwarnow sind in ihrer Natürlichkeit mit Kösterbeck, Nonnenbach oder Randow vergleichbar. Im Hinblick auf die Größe der Wälder ist der Nordwesten gegenüber anderen Teilen des Bundeslandes etwas zu kurz gekommen, dafür suchen die historisch gewachsenen Heckenlandschaften anderswo ihresgleichen. Alles in allem, die Weiträumigkeit der Landschaft und ihre Ausstattung mit Tieren und Pflanzen laden auch im Nordwesten zu Entdeckung und Erholung ein.

Ausdruck der reichhaltigen Natur sind die nahezu 30 Naturschutzgebiete in dem beschriebenen Raum, darunter die NSG „Kaninchenwerder und Großer Stein" im Schweriner See und „Insel Langenwerder" in der Wismarbucht, die erstmalig 1936 bzw. 1937 unter Schutz gestellt, zu den ältesten Naturschutzobjekten in Deutschland gehören. Die besondere Eignung für die Erholungsnutzung findet ihren Niederschlag in der Ausweisung der großen Landschaftsschutzgebiete „Küstenlandschaft Wismarbucht", „Nordwestmecklenburgische Hügellandschaft" oder „Schweriner Seenlandschaft". Teile des Gebietes erfüllen sogar die Anforderungen an Schutzgebiete mit internationaler Deklaration. So sind die Wismarbucht, der Schweriner See und die Dambecker Seen geschützte Feuchtgebiete gemäß Ramsar-Konvention, und die Wismarbucht und die Dambecker Seen sind darüber hinaus als „Europäische Vogelschutzgebiete" notifiziert.

Der Wert des Nordwestens wird durch eine tausendjährige Landesgeschichte komplettiert. Um so schmerzlicher vermißt wurde bisher ein Landschaftsführer für dieses Gebiet. Diese Lücke ist nun geschlossen, und es ist ein Glücksfall, mit den Autoren zwei besonders einfühlsame Kenner mecklenburgischer Landschaft gefunden und gewonnen zu haben.

Durch die geschickte und gezielte Lenkung des Besucherstromes anhand der 34 empfohlenen Touren zu Fuß, per Fahrrad oder mit dem Schiff sollte es wohl möglich sein, die Schäden in der Natur, die ein Massentourismus heute weltweit mit sich bringt, hier gering zu halten.

Dr. Horst Zimmermann
Naturschutzreferent im Ministerium
für Landwirtschaft und Naturschutz
Mecklenburg-Vorpommern

# 1000 Jahre Mecklenburg

Die Landesgeschichte Mecklenburgs ist gleichermaßen interessant wie wechselhaft. Aber natürlich zeigt sich auch Einmaliges und Besonderes, denn das 1000jährige Geschlecht des fürstlichen und späteren herzoglichen Herrscherhauses Mecklenburg kann auf eine direkte ungebrochene Linie männlicher Nachkommen bis in die unmittelbare Gegenwart zurückblicken.

Im heutigen Landkreis Nordwestmecklenburg liegt in der Gemeinde Dorf Mecklenburg, flankiert von der Bahnstrecke Schwerin – Wismar und der Bundesstraße 106, in einem torfgründigen Wiesengelände ein uralter Ringwall. Seit 1870 befindet sich auf seinem Plateau der dörfliche Friedhof. Nur ein Findling mit der eingemeißelten Inschrift **Burg Mecklenburg** erinnert an den größten slawischen Fürstensitz des Stammesverbandes der **Obotriten**, die in der zweiten Hälfte des 7. Jahrhunderts vermutlich aus Gebieten zwischen Wisla und Dnepr einwanderten. Diese Wasserburg, als Niederungsburg von mächtigen Sümpfen umgeben, existierte also schon lange, als der arabische Handelsreisende Ibrahim ibn Jacub im Jahre 965 von der großen Burg des Fürsten Nakon, der „Viligrad", berichtete. Ihre älteste urkundliche Erwähnung geht auf Kaiser Otto III. vom 10. September 995 zurück, der sie in einem Bericht über den Heerzug gegen die Obotriten darin als **Michelenburg** benannte. Es gibt also für die heutigen Bewohner des Landesteiles **Mecklenburg** ein Fest zu begehen und sich auf eine **1000jährige Landesgeschichte** rückzubesinnen. Immerhin gab dieser geschichtsträchtige Ort dem Land seinen Namen.

Im Jahre 1160 fiel **Fürst Niclot** im Kampf mit der Übermacht des Sachsenherzogs Heinrichs des Löwen und mußte seine Burgen in Ilow, Mecklenburg, Werle, Dobin und Schwerin aufgeben. Aufstandsversuche seiner Söhne mißlangen. Erst 1169 kehrte der inzwischen zum Christentum übergetretene Sohn **Pribislaw** auf die Mecklenburg zurück. So integrierte sich das mecklenburgische Fürstentum in den deutschen Feudalstaat. In ähnlicher Weise vollzog sich zu dieser Zeit auch die Lehnsabhängigkeit der Ruganer Slawenfürsten und der Pommerschen Herzöge.

Das beginnende 13. Jahrhundert ist durch Städte- und Klostergründungen gekennzeichnet sowie durch Einwanderung von Handwerkern, Kaufleuten und Siedlern aus Westeuropa. Nach der ersten Stadtgründung durch Heinrich den Löwen (1160 Schwerin) begann von Lübeck aus die Errichtung kaufmännischer Siedlungszentren in den Ostseeküstenstädten, die Mitte des 14. Jahrhunderts zur mächtigen **Städtehanse** führte. Auf dem

Schloß Schwerin – Sitz der mecklenburgischen Herzöge wohl schon seit 1358 in einer gotischen Burg. Das jetzige Renaissanceschloß ging aus dem Umbau von 1843 bis 1857 hervor.

Tag der offenen Tür

Lande herrschte der Streubesitz vor. Die Bauern standen zum Grundherren in einem Verhältnis der Erbpacht.

Nach dem Tode des Fürsten Heinrich Borwyn II. (1229) kam es durch die Erbgleichheit bei der Thronfolge im Haus Mecklenburg zur Gebietsteilung in die Herrschaften Rostock, Mecklenburg, Parchim und Werle. In der Folge blieb die **Linie Mecklenburg** allein übrig und erbte 1261 Parchim, 1314 Rostock, 1436 Güstrow-Werle sowie durch Einheirat 1292 die Herrschaft Stargard und durch Kauf 1359 die Grafschaft Schwerin. **Kaiser Karl IV.** erhob 1348 die mecklenburgischen Fürsten zu Herzögen und beseitigte somit die lange sächsische Lehnsherrschaft.

In der Mitte des 14. Jahrhunderts erlangte das mecklenburgische Herrscherhaus im Ostseeraum kurzzeitig durch die Übernahme der schwedischen Königskrone eine gewisse Vormachtstellung, die jedoch 1389 durch die Dänen zerschlagen wurde und bis Ende des 15. Jahrhunderts durch den mächtigen Einfluß der Stände weiterhin verfiel. Auch das freie Bauerntum wurde immer mehr von den Grundherren in personelle und materielle Abhängigkeit gebracht und führte zum Tagelöhnertum auf den adligen Gütern. Diese sozialen Konflikte waren Wegbereiter der **Reformation** in Mecklenburg. Landesfürst und Stände bekannten sich 1549 zum evangelisch-lutherischen Glauben. Die Klöster wurden säkularisiert und ihre reichen Besitztümer fielen beiden Herzögen und dem Adel zu.

Die Kriegswirren des **Dreißigjährigen Krieges** rissen tiefe Wunden in das Land und dezimierten die Bevölkerung um 90 Prozent. Herzog Wallenstein besetzte 1628 das Land und regierte es von Güstrow aus mit harter Hand. Er schuf moderne Verwaltungs- und Rechtsstrukturen und entledigte sich der Bevormundung durch die Stände. Schwedenkönig **Gustav Adolf** vertrieb 1631 Wallensteins Truppen und ermöglichte die Rückkehr der mecklenburgischen Herzöge. Der **Westfälische Frieden** von Osnabrück 1648 verursachte dem Land erneute Verluste. Mecklenburg mußte die Hansestadt Wismar, die Insel Poel und das Amt Neukloster an Schweden abtreten.

Im Verlauf von Erbfolgestreitigkeiten wurde Mecklenburg 1701 in die Herzogtümer **Mecklenburg-Schwerin** und **Mecklenburg-Strelitz** geteilt. Kriege, wie der Nordische Krieg (1713–1717), erschütterten das Land und führten es in weitere Rückständigkeit durch das Wiedererstarken der adligen Ritterschaft. Mit der Einführung der Verfassung des mecklenburgischen Ständestaates 1755 änderte sich wenig an der Machtverteilung und der Leibeigenschaft, die bis 1820 die ländlichen Strukturen bestimmte. Auch die Französische Revolution von 1789 und die Bürgerliche Revolution von 1848 führten zu keiner sozialen Verbesserung, so daß sich die gesellschaftlichen Verhältnisse im Land bis zum Ende des 1. Weltkrieges kaum wandelten.

Im Zuge der Revolution 1918 erhielten beide mecklenburgischen Herzogtümer den Status eigenständiger Republiken. Erst 1933 erfolgt ihre Wiedervereinigung. Nach dem 2. Weltkrieg wurden Mecklenburg und Vorpommern vereint, bis 1952 die Bildung der Bezirke Rostock, Schwerin und Neubrandenburg erfolgte. Durch die Vertriebenen aus den Ostgebieten wandelte sich die Bevölkerungsstruktur erheblich und veränderte besonders die ländlichen Regionen. Nach der deutschen Wiedervereinigung bietet sich dem **Bundesland Mecklenburg-Vorpommern** mit seiner naturnahen Landschaft eine bessere Chance, die Geschicke des Landes und seiner Menschen im nächsten Jahrtausend freudvoller zu gestalten.

# Küstenklima und Badewetter

Die Küstenlandschaft Nordwestmecklenburgs und das unmittelbare Hinterland sind **atlantisch maritim** geprägt. Das Küstenklima ist besonders durch lebhafte westliche Luftbewegung gekennzeichnet, besitzt relativ geringe jährliche Niederschlagsmengen von durchschnittlich 550 bis 600 mm und niedrige Jahresmitteltemperaturen mit zeitlicher Verzögerung des Frühling- und Sommerbeginns.

Das **Frühjahr** ist kühl, nach oft recht milden Wintern mit wenig Schneefall; ebenso aber wie der **Spätherbst** sehr stürmisch und wolkenreich. So tobten die **Stürme** im Winter 1992/93 mit Orkanstärken und rissen mit Windstärken bis zu 130 km/h ganze Dächer mit sich und verursachten an Straßenalleen und in den Wäldern Windbruchschäden in Millionenhöhe. Die sonst so zahme Ostsee zeigt dann auch ihre rauhe Seite mit schäumenden Wellen von 5–6 m Höhe.

Mit einer **Jahresmitteltemperatur** von 8,0 bis 8,5 °C und einer relativen Luftfeuchtigkeit um 80 Prozent weicht die nordwestliche Region in ihren Klimadaten von den östlichen Küstengebieten und dem südöstlichen Rückland der Seenplatte erheblich ab. **Nebellagen** im Herbst, **Rauhreif** und **Eisglätte** sind durch die Nähe zur See bedingt. In der Regel gilt im Jahres-

Badespaß in den Ostseewellen

vergleich der Februar als niederschlagsärmster, der **Juli als regenreichster Monat.**

Die südlich des Landrückens gelegenen Regionen mit den Seen gehören dem Mecklenburgisch - Brandenburgischen Übergangsklima an. Die Niederschlagsmengen sind zumeist etwas höher (Schwerin: Jahresmittel 623 mm). Die Lewitzniederung erfährt oft noch Spätfröste, während das Gebiet um **Crivitz** als eine **Wärmeinsel** mit früher beginnendem Hochsommer gilt. Ein hochsommerlicher Wärmestau ist durch die ständige Luftbewegung zwischen Meer und Festland nicht gegeben. Aber es kommt doch in manchen Jahren durch diese Winde zur verstärkten Bodenaustrocknung oder zur Verdriftung der oberen Bodenkrume. Die Insel **Poel** wird davon weniger betroffen, da die allgemein höhere Luftfeuchtigkeit und ein stärkerer Taufall einer Austrocknung der Bodenoberfläche entgegenwirken. Den Badefreudigen und **Sonnenanbetern** seien die Monate **Mai, Juni, August** und die **erste Hälfte** des Monats **September** empfohlen. Sie gelten im allgemeinen als die sonnenreichsten und schönsten Monate im Jahr.

Verlassen sollte man sich jedoch nicht darauf, denn Umstellungen in der Großwetterlage vollziehen sich auch im Norden immer sichtbarer. Wetterprognosen gelingen Fachleuten nicht immer, und auch die alten Schäfer und Fischer wagen sich gegenwärtig zu solchen Aussagen immer weniger. Dennoch bieten alle Jahreszeiten, durch die Eigenheiten des Reizklimas an der Küste, für den erholungssuchenden Touristen einen günstigen gesundheitsförderlichen Effekt.

Die Küste und ihr Hinterland haben eben ihre klimatischen Besonderheiten, auf die man sich bei der Urlaubsvorbereitung einrichten sollte. Neben der Badehose, dem Sonnenhut und einer guten Hautcreme sind ein Regenschirm oder ein **wetterfester** Umhang nützliche Utensilien in der Wanderausrüstung. Wer Erholung und Entspannung sucht, der ist vom Wetter allein nicht abhängig.

Wer zur Küste unterwegs ist, findet fast noch überall unverbaute Strandbereiche. Das hat Vor- und Nachteile. Einerseits gibt es ruhige und nur von Wind und Wellen geformte Strände, andererseits muß man jedoch auch mit Schlick und pflanzlichem Angespül rechnen.

Badegäste finden an der nordwestmecklenburgischen Küste im allgemeinen eine **gute Meerwasserqualität** vor und auch die großen Binnenseen der Schweriner Seenplatte bieten mit gut eingerichteten Badeanstalten ein erholsames Badevergnügen im kühlen Naß. Ängste vor bakteriologisch belasteten Stränden sind völlig unbegründet. Systematisch wird das Wasser an 450 Badestellen an den Küsten Mecklenburg-Vorpommerns behördlich untersucht. In der Mecklenburger Bucht gab es kein Badeverbot, auch wenn hin und wieder einmal wetterbedingte Gewässertrübungen auftraten. Der höhere Salzwassereintrag in die Gebiete der westlichen Ostsee machte sich gerade im Frühjahr 1993 positiv bemerkbar und verbesserte den Sauerstoffgehalt tieferer Wasserschichten.

Die Fremdenverkehrsverbände registrierten im Supersommer 1994 auch an der westlichen Ostseeküste Rekordzahlen von sonnenhungrigen Strandbesuchern. Was hindert uns dann noch daran, die reizvolle Landschaft im Nordwesten Mecklenburgs mit vielen ihrer Details vorzustellen.

# Landschaft und Erdgeschichte

Hünengräber sind aus Eiszeitfindlingen erbaut

Das nordwestliche Mecklenburg wird in einer Breite von etwa 30 bis 40 km von Nordwest nach Südost von Erhebungen durchzogen, die als Teil des Nördlichen (Baltischen) Landrückens als **Mecklenburger Landrücken** bezeichnet werden. Er besteht aus einem nördlichen und einem südlichen Randstreifen girlandenartig das Land durchziehender Hügelketten, den Hauptendmoränenzügen, und der dazwischen und tiefer gelegenen **Mecklenburgischen Seenplatte** mit ihrer Vielzahl von Seen unterschiedlicher Größe, die eine besondere Dichte im Raum Neukloster, Warin, Brüel, Sternberg aufweisen. Der weit nach Nordosten gerichtete Höhenzug östlich der Wismarbucht in den Räumen Neukloster – Göllin – Satow – Kröpelin und der Höhenzug von der Hohen Burg (147 m) bis zur Kühlung (128 m), kennzeichnet die **Eisscheide** während der letzten Vereisung zwischen dem Wismar- und dem Warnow-Lobus des Beltsee-Gletscher-

stroms. Nach Nordost und Südwest schließen sich an den Landrücken Zonen geringerer Höhen mit unregelmäßig kuppiger oder welliger Oberfläche an, gegliedert durch Flußläufe und Seen, nach der vorherrschenden Bodenart auch als **Lehmplatte** bezeichnet. Gebiete mit nahezu ebener Oberfläche sind im Süden und Südwesten von Schwerin zu finden.
Das **Flußnetz** entwässert in zwei Richtungen: zur Ostsee und zur Elbe und damit zur Nordsee. Die **Wasserscheide** verläuft von der Landesgrenze im Westen um Gadebusch herum zum Schweriner See, der sowohl zur Ostsee und zur Elbe entwässert, und folgt dann der Äußeren Hauptendmoräne.
Als besonderes Element der Landschaft findet sich die **Küstenzone** mit ihren weitgeschwungenen Buchten und der Insel Poel sowie der Halbinsel Wustrow mit ihren boddenartigen Gewässern, die das Bild einer **ertrunkenen Landschaft** bietet.
Die Oberfläche des Raumes mit ihrem Relief ist im **Pleistozän (Eiszeitalter)** durch die Eisvorstöße der Weichsel- (Würm-) Kaltzeit in der Zeit von etwa 75 000 bis 10 000 Jahren vor unserer Zeitrechnung vorgeformt worden. Dazu gehören die an der Stirn der Gletscher durch Ablagerungen des von ihnen mitgeführten und ausschmelzenden Geschiebematerials geformten **Endmoränen** – im Süden die Äußere Hauptendmoräne des Frankfurter Stadiums, im Norden die Innere Hauptendmöräne des Pommerschen Stadiums. Weiterhin entstanden die vielgestaltigen Formen der jeweils hinter den Endmoränen abgelagerten kuppigen bis welligen oder ebenen **Grundmoränen,** sowie die vor der Randlage vom Schmelzwasser geformten **Sanderflächen** oder **Sanderkegel** und die Rinnen der **Schmelzwassertäler.**
Dieses ideale Schema der **„glazialen Serie“** wird aber in der Natur selten so geordnet angetroffen. Meist sind die Formen ineinander recht kompliziert verzahnt, überlagert oder übergehend. Ältere Ablagerungen sind von neueren oft gestaucht, gefaltet, umlagert oder anderweitig verformt worden. Zwei Prozesse gestalteten jede der mehrfachen eiszeitlichen Vergletscherungen:

1. Hauptgletscher und größere Gletscherloben* wurden zu einem Vergletscherungsschild. Dieser war auf dem Höhepunkt seiner Entwicklung mehr als tausend Meter mächtig.
2. Bei der nachfolgenden Erwärmung wurde der Eisschub geringer und hörte dann ganz auf. Es kam zur Auflösung der Eismassen in abschmelzende Gletscherzungen und Toteisfelder.

Der von Nordosten kommende **Beltsee-Gletscherstrom** füllte die Senke, die gegenwärtig von der Ostsee in der Mecklenburger Bucht eingenommen wird. Von ihm bewegten sich der Lübecker Lobus, der Wismar- und Warnow-Lobus in südliche Richtung, in sich wieder in Hauptgletscher gegliedert.
Ihre Eisscheiden liegen einmal im Raum Klütz – Hoher Schönberg und zum anderen im Höhenzug von der Kühlung bis Hohe Burg. Die Hauptgletscher stießen mit ihren Einzelzungen je nach Vorstoßphase in unterschiedlicher Aktivität, Geschwindigkeit und Richtung vor. Ihre begrenzten Vorstöße prägten im letzten Abschnitt des Eiszeitalters die Landschaftsformen → Übersicht S. 17.
Ungeheure Mengen an Schuttmaterial aller Größen brachten die Gletscher mit und lagerten es über der Oberfläche des tertiären Bodens ab. Der größte Findling im Wismarer Raum, der **Schwedenstein,** mit den Maßen 5,20 x 3,70 x 2,90 m liegt im Wald dicht südlich der Straße Wis-

* Eislobus von lat. = Lappen: zungenförmige Ausbuchtungen am Rande des Eisschildes

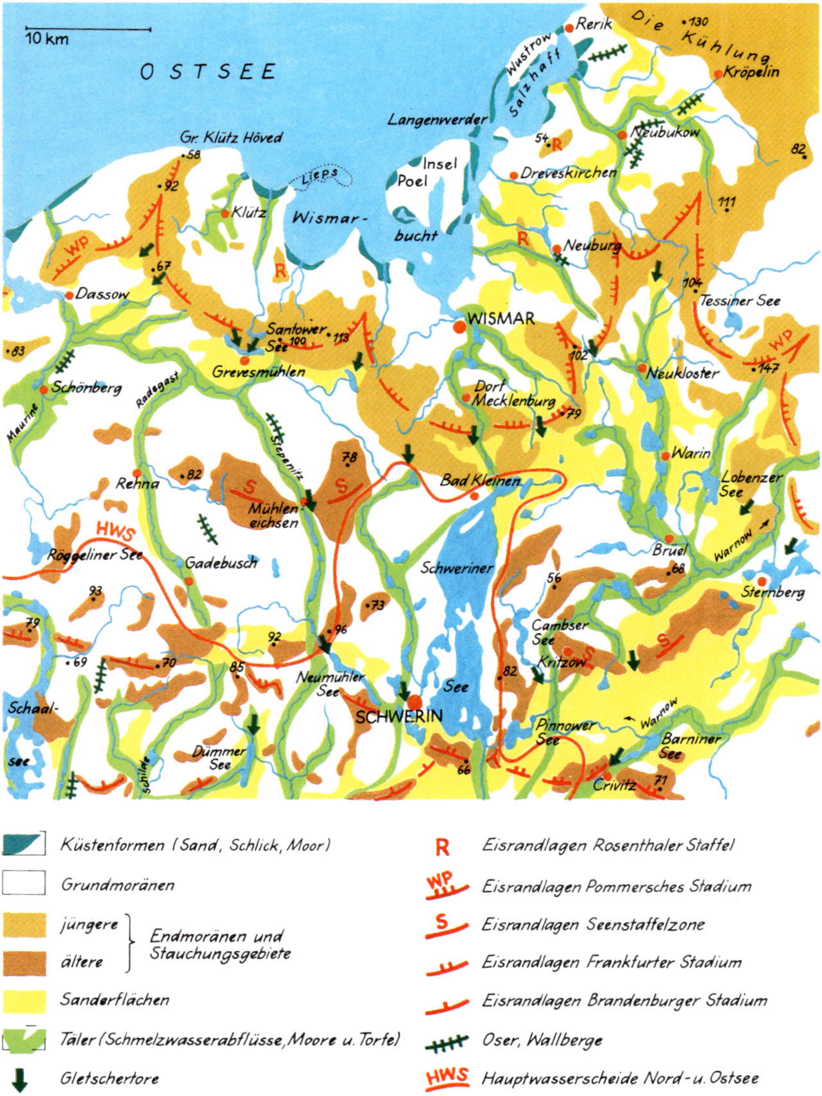
10 km
OSTSEE
Gr. Klütz Höved
Langenwerder
Wustrow
Salzhaff
Rerik
Die Kühlung
Kröpelin
Neubukow
Dreveskirchen
Insel Poel
Lieps
Wismar-bucht
Klütz
Dassow
Neuburg
Tessiner See
WISMAR
Santower See
Grevesmühlen
Schönberg
Radegast
Maurine
Dorf Mecklenburg
Neukloster
Warin
Stepenitz
Rehna
Mühlen-eichsen
Bad Kleinen
Lobenzer See
HWS
Röggeliner See
Gadebusch
Schweriner See
Brüel
Warnow
Sternberg
Cambser See
Kritzow
Neumühler See
SCHWERIN
Schaal-see
Dümmer See
Schilde
Pinnower See
Barniner See
Crivitz
Küstenformen (Sand, Schlick, Moor)
Grundmoränen
jüngere
ältere
Endmoränen und Stauchungsgebiete
Sanderflächen
Täler (Schmelzwasserabflüsse, Moore u. Torfe)
Gletschertore
Eisrandlagen Rosenthaler Staffel
Eisrandlagen Pommersches Stadium
Eisrandlagen Seenstaffelzone
Eisrandlagen Frankfurter Stadium
Eisrandlagen Brandenburger Stadium
Oser, Wallberge
Hauptwasserscheide Nord- u. Ostsee

mar – Züsow – Satow bei Teplitz. Das zerriebene, durchmischte Material von Geschiebemergel, Geschiebelehm, Kies, Sand, Schluff und Ton, durchsetzt mit kleineren und größeren Geschiebeblöcken, ist unterschiedlich mächtig zwischen einigen zehn bis weit über hundert Meter. Bei Crivitz sind es fast 400 m.

Die Endmoränen sind von zahlreichen Abflüssen, den **Gletschertoren** durchbrochen. Die **Schmelzwasserabflußrinnen** treten besonders im südlichen Randbereich des Schweriner Sees hervor.

Die Schmelzwasser lagerten ausgedehnte **Sanderflächen** oder auch begrenztere **Sanderkegel** ab. Im Anschluß an die Endmoränen blieben Geschiebeblöcke, Kiese und grobe Sande liegen, die zum Teil **Toteis** überdeckten, das später erst auftaute und dann mit Wasser gefüllte Becken bildete. Die Ablagerungen aus Kiesen und Sander verschiedener Korngrößen, sortiert nach Wassermenge, Fließgeschwindigkeit und damit Transportkraft des Schmelzwassers, sind meist kompliziert und verschachtelt aufgebaut. Durch abfließendes Wasser umlagerte Kiese und Sande werden heute an mehreren Stellen in recht großen Tagebauen abgebaut.

In **Staubecken,** die sich zwischen den Eisvorstößen bildeten, lagerten sich Tone ab, die früher in größerem Maße zur Herstellung von Ziegelsteinen abgebaut wurden.

**Schmelzwasserrinnen** sind heute oft von Rinnenseen ausgefüllt. Beispiele dafür sind: Stepenitz-Rinne, Cambser See, Neumühlener See und Barniner See.

Vielfältig sind die sogenannten **„Rückzugsformen“** des Eises, wobei unter „Rückzug“ das Liegenbleiben des Eises, sein Ab- und Niedertauen bei negativer Eisbilanz (durch Klimaerwärmung kein Nachschub) zu verstehen ist. So konnten durch Geschiebematerial abgedeckte Toteisblöcke in der Tiefe langsam ausschmelzen. Als Ergebnis entstanden isolierte größere Senken im Gelände, lange schmale Rinnen oder auch kleinere runde Vertiefungen, die dann als **Sölle** bezeichnet werden und mit Wasser gefüllt wie Augen in der Landschaft wirken. Die Ausprägung der Wohlenberger Wiek, der Senken um Wismar und Neubukow, des Holzendorfer Kessels und des Sternberger Kessels zeigen die Lage und die Wirkung der Hauptgletscher. An ihren Fronten entstanden durch Vorstöße und Rückzüge (Oszillationen) die mehrfach gegliederten **Rückzugsstaffeln.**

Der Norden der Hauptgletscherbecken ist schließlich geprägt worden vom ungestörten Zerfall und Abtauen des Eises, was die Entstehung von flachen bis welligen Grundmoränen mit Kies- und Sandaufpressung in Eisspalten (Oser) und zahlreichen Söllen zur Folge hatte.

Die **Küste** entwickelte sich erst nach dem Schwinden der Gletscher vor etwa 12 000 Jahren. Durch das Ansteigen des Wassers im Becken der heutigen Ostsee ertrank die glaziale Landschaft. Mit dem Ansteigen des Wassers in der sogenannten **Litorina-Transgression** seit etwa 8000 Jahren v. Chr. bis etwa vor 5000 Jahren v. Chr. war ungefähr der **heutige Küstenverlauf** erreicht. Es setzen die küstenbildenden Prozesse ein, die zum Erscheinungsbild der Strände und Ufer führten. Steilküsten entstanden in Abbruchsgebieten. Das abgebrochene Material wurde durch die Strandversetzung unter Einfluß von Wind, Wellen und Strömungen transportiert und an dafür günstigen Stellen wieder abgelagert. So entstanden **Sandriffe, Strandwälle, Haken** und **Nehrungen,** hinter denen es, wie auf der Insel Poel, zu **Verlandungen** ehemaliger, jetzt von der See abgetrennten Buchten kam. Die Prozesse der Küstenentwicklung laufen weiter und verändern durch ihr Wirken von Jahr zu Jahr die Landschaft.

# Pflanzenwelt

Dünen, Salzwiesen, Seeröhrichte, Niedermoore, Laubmisch- und Nadelwälder

Queller, Strandbeifuß und Grasnelken sprießen aus den Fugen der Strandbefestigung

Erst nach Ablauf der letzten Eiszeit kam es zur allmählichen Wiederbesiedlung der Landschaft durch eine charakteristische **Tundravegetation.** Die Geschiebemergel und lehmigen Sande wurden mit der Zeit mineralisch aufgeschlossen und boten den nachrückenden Pflanzen gute Entwicklungsbedingungen. Vor 12 000 Jahren vervielfachte sich der Artenreichtum merklich. Birke, Hasel und Kiefer waren die bestandsbildenden Hauptvertreter der Vegetation. Vor 6000 bis 7000 Jahren bedeckten Nadelwälder die nacheiszeitliche Landschaft. Vertreter einer nordischen Flora sind noch heute in der Vegetation Mecklenburg-Vorpommerns und Schleswig-Holsteins zu finden. Dazu gehören vielfach Pflanzenarten aus Feuchtgebieten, wie **Moosbeere, Krähenbeere, Fieberklee, Sonnentau, Nordisches Moosglöckchen, Bärenlauch** und viele **Schachtelhalme.** Während der Zwischeneiszeiten wanderten aus wärmeren südöstlichen Landesteilen die **Steppenpflanzen** ein, denen sich in den Waldgebieten die Eichen zugesellten. Die für die Wälder unserer Region typischen **Eichen-Buchen-Gesellschaften** bildeten sich erst vor ungefähr 3000 Jahren aus, als sich die klimatischen Verhältnisse feuchter gestalteten. Somit mischen sich im Florenbild des Landes feuchtigkeitsliebende Arten mit einer Reliktvegetation ursprünglicher Steppenpflanzen.

Bereits in frühfeudaler Zeit wurden die umfangreichen Auenwälder der Niederungen vom Menschen gerodet und die gewonnenen Bodenflächen als **Siedlungsraum** oder für Acker- und Weidenwirtschaft genutzt. Der Nordwesten Mecklenburgs gehört deshalb zu den **waldärmsten** Bereichen.

Die gegenwärtige Vegetationsausstattung zeigt trotzdem in einigen Lebensräumen noch einen relativ naturnahen Zustand. Auf den eiszeitlichen Böden finden wir je nach Licht- und Wärmeangebot verschiedenartig zusammengesetzte **Laubmischwälder**, in denen Stiel-Eiche, Rot- und Weißbuche, Berg-Ulme, Spitz- und Berg-Ahorn, Eberesche und Wald-Kiefer vorkommen. In der **Strauchschicht** wachsen Hasel, Weißdorn, Faulbaum, Pfaffenhütchen und Schwarzholunder. In den **Hecken** dominieren Schlehdorn, Hunds- und Heckenrose. Die **Auenwälder** der küstennahen Tieflagen stocken auf mäßig zersetzten Seggenriedtorflagern. **Frischfeuchte Standorte** in den Tallagen und den Verlandungszonen der Seen bieten gute Lebensbedingungen für Schwarz- und Grau-Erle, Gemeine Esche und viele Weidenarten. An den **Seeufern** mit ihren Röhrichten und Seggenrieden, den Nieder- und Hochmoorstandorten, an **Fließgewässern** und in der Nähe wasserführender Gräben findet man regional viele geschützte und vom Aussterben bedrohte Arten.

Die Blüten von Busch-Windröschen und Scharbockskraut verwandeln im Frühjahr die Böden der Eichen-Buchen-Mischwälder in einen weiß-gelb-gefleckten Teppich. Auf den nährstoffärmsten Sanderstandorten stehen Nadelholzforste, oft mit Himbeeren und verschiedenen Brombeerarten besetzt. An wärmeren Südhängen befinden sich Magerrasen und Moorheiden. Salzwiesen findet man auf der Insel Poel und am Boiensdorfer Werder mit dem **Queller**, der mit seinen Wurzeln den Schlick befestigt und die Küste vor Bodenabtrag schützt. Unter den Salzpflanzen dieser Standorte fallen besonders die **Strandaster** und der **Strandflieder** mit ihrer blauen Blütenpracht auf, durchsetzt von dem Weißfilzigen **Strand-Beifuß.** Auf den Strandwällen und an den Dünenrändern verankern der sparrigästige **Sanddorn**, der im September seine leuchtend gelben, vitaminreichen Beeren hervorbringt und die oft gepflanzte und verwilderte **Kartoffelrose**

Grasnelken überziehen flache Dünenkämme und die sandigen Partien der Vogelschutzinsel Langenwerder. Gern brüten darin die Sturmmöwen. Strandaster und Strandflieder zeigen im Hochsommer oft in dichten Beständen ihr blauviolettes Blütenkleid

den sandigen Boden, gemeinsam mit Strandroggen und der Sand-Segge.

Nach heftigen Stürmen wird der Strandwanderer im Angespül eine große Anzahl pflanzlicher Meeresbewohner finden. Oft bedeckt das **Seegras** wiesenförmig den Meeresboden in Küstennähe. Findlinge im Flachwasser bieten dem **Blasentang** guten Halt. In den lichtreichen strandnahen Wasserzonen, an Buhnen oder Muschelschalen befestigt, leben verschiedene Grünalgen, wie der **Meersalat** oder der **Darmtang**. In der Brandung treiben **Rotalgen** aus tieferen Wasserschichten, wie der Meerampfer und der Horntang. Westwärts der Boltenhagenbucht, wo der Salzgehalt des Wassers schon 25 Prozent erreicht, stößt man auch auf den derben, lederartigen und handförmig zerschlitzten **Fingertang**. Welche Pflanzen am Salzhaff und der Halbinsel Wustrow, dem ehemaligen Truppenübungsplatz der GUS-Streitkräfte, überlebt haben, das gilt es erst noch festzustellen.

# Tierleben

am Meeresstrand, an den großen Seen
und in den Wäldern des küstennahen Hinterlandes

Das Leben der Tierwelt im Nordwesten Mecklenburgs ist mit der Geschichte der Landschaft ebenso eng verbunden wie seine Vegetation. Meer und Küstenregion mit ihren spezifischen Lebensräumen, von Wind und Wellen geprägt, ermöglichen zahlreichen Tierarten gute Lebensbedingungen in noch relativ naturnahen Landschaftsbereichen. So hatten sich die militärischen Sperrgebiete an der ehemaligen innerdeutschen Grenze, besonders zwischen Dassow, dem Priwall vor Lübeck, der Wakenitz-Niederung, des Herrnburger Moores bis nach Ratzeburg und dem Schaalsee zu einzigartigen Naturrefugien entwickelt. Diese Regionen gilt es, in ihrem derzeitigen Naturzustand möglichst dauerhaft zu erhalten. Der naturinteressierte Tourist ist gefordert, den Erholungs- und Freizeitwert dieser Landschaft in gutem Einvernehmen mit den Lebensansprüchen aller darin existierenden Organismen in Einklang zu bringen. Gleiches gilt auch für die Seen, Fließgewässer und Wälder Nordwestmecklenburgs. Gerade die stehenden Gewässer des küstennahen Hinterlandes und die windgeschützten Buchten des Meeres mit Salzwiesen, Strandwällen und kleineren Inselgruppen bieten zahlreichen Vogelarten Brutplätze, Nahrungsquellen, Rast-, Mauser- und Überwinterungsbereiche. Für den aufmerksamen Strandwanderer gibt es deshalb zu jeder Jahreszeit ein **vielfältiges Tierleben** an der Küste zu beobachten. Im Herbst sammeln sich die **Höckerschwäne** in den Buchten, im Hochsommer fallen die dunklen **Kormorane,** auf den Reusenpfählen sitzend, in immer größerer Anzahl auf. **Wat-** und **Möwenvögel** sind bei ihrer Nahrungssuche interessante Beobachtungsobjekte. Zählungen zur Vogelwelt der Wismarbucht in den letzten Jahren wiesen etwa 300 Arten nach. Damit gehört dieser Küstenbereich zu den bedeutendsten **Rastplätzen für** nordosteuropäische **Wasservogelarten**, wie Pfeifente, Bergente, Eiderente, Bleßgans und Singschwan. Als Durchzügler, Wintergäste, Übersommerer tauchen immer wieder auf: Rothalstaucher, Ohrentaucher, Zwergtaucher, Reiherente, Samtente, Zwergsäger, Großer Brachvogel und nordische Wildgänse. Große Scharen der **Graugänse** äsen bis in den September hinein auf den küstennahen Feldern und Weideflächen.

◁ Mit den häufigen Ohrenquallen macht der Badegast immer Bekanntschaft.
Zum Glück tauchen die nesselnden Feuerquallen nur selten auf.

Dann erscheinen auf ihrem Zug nach Südwesten **Saat-** und **Bleßgänse** aus ihren nördlichen Brutrevieren und verweilen bis zum Wintereinbruch im Küstenvorland. Im Spätherbst bevölkern oft bis zu 30 000 **Reiherenten** und **Bergenten** die ruhigeren Bereiche der Meeresbuchten und der Seen des Hinterlandes.

Als Brutvogel ist auf den Feuchtwiesen der Kiebitz zu Haus, Schellente und Gänsesäger suchen als Höhlenbrüter gern einen Brutplatz in den hohlen Kopfweiden in Gewässernähe.

Im Flachwasserbereich der Strandzone sieht man auf sandigem Schlick die Kothäufchen vom **Sandpier** oder **Köderwurm** *Arenicola marina*, der seine Wohnröhren bis zu 30 cm Tiefe anlegt. Seitlich laufend fällt die **Strandkrabbe** *Carcinas maenas* auf, während andere Krebstiere (**Ostseegarnele, Sandgarnele, Meerassel, Schlickkrebs**) aus den Algenwatten eilig davon huschen. Weiße Gehäuse aus sechseckigen, glatten Platten auf Steinen oder Muschelschalen verweisen auf einen weiteren Krebs, die Gemeine **Seepocke** *Balanus improvisus*.

Am Strand und im Angespül findet man sehr schnell die Vertreter der Weichtiere zusammen. Ihre Schalen und Gehäuse sind wegen des geringeren Salzgehaltes

Austernfischer kann man an den steinigen Stränden beobachten
Strandgut – ein Hornhecht wird schon bald zur Beute der ewig hungrigen Möwen

der Ostsee kleiner als die ihrer Artvertreter an der Nordseeküste. Zu ihnen gehören **Miesmuschel**, **Herzmuschel**, **Baltische Plattmuschel** und **Klaffmuschel** sowie **Kleine** und **Gemeine Strandschnecke** und die **Wattschnecke**. Leeren die Fischer ihre Netze, so finden sich **Dorsch**, **Hornhecht**, **Seehase**, **Hering**, **Sprotte**, **Scholle**, **Flunder**, **Aal** und **Aalquappe**.
In den Wäldern und auf den Ackerflächen der Grundmoränenlandschaft sind **Rehe** und **Wildschweine** zahlenmäßig stark angewachsen und bereiten Bauern und Forstleuten oft Probleme. **Raubwild**, wie Fuchs, Stein- und Baummarder, Iltis und Hermelin sind vorhanden; an größeren Gewässern zeigt sich der Mink, und manchmal taucht auch noch der Fischotter auf. In den Wäldern des Schweriner Seengebietes gibt es den **Siebenschläfer**. Bisamratte und Schermaus bewohnen die Uferzonen der Seen. Durch jahrzehntelange Betreuung haben sich **See-** und **Fischadler** wieder besser vermehrt. Leider bleiben immer mehr Horste des **Weißstorchs** unbesetzt, weil Insekten, Lurche, Reptilien und Kleinsäuger durch Melioration und Umweltschäden im Bestand zurückgehen und die Nahrungskette zu den Störchen unterbrochen wird.

Zeesenboot auf dem Salzhaff ▷

# Die Küste der Mecklenburger Bucht zwischen Travemünde und Rerik

Wer von der Hansestadt Wismar aus die Wismarbucht beidseitig entlang wandert oder mit dem Fahrgastschiff in See sticht, der erkennt ihre trichterförmige Gestalt. Dieses zungenförmige Rückzugsbecken ehemaliger eiszeitlicher Gletscher wird seewärts von gering strukturierten Flachküsten und relativ niedrigem Kliff umgeben. Wie ein gewaltiger Wellenbrecher liegt ausgangs der Bucht die Insel Poel, an deren Westseite der Seekanal zum Wismarer Hafen verläuft. An ihrer Südflanke teilt eine weitere kleine Insel, der „Walfisch", einst eine kleine Festungsbastion aus der Schwedenzeit Wismars, die Fahrrinnen der großen Frachter zur Mecklenburger Bucht von der Route der Fahrgastschiffe nach Kirchdorf. In sanften Bögen weitet sich westwärts die Bucht aus und bildet die hufeisenförmige Wohlenberger Wiek und die langgestreckte Boltenhagenbucht mit ihren Badestränden bis hin zu den steileren Küstenbereichen des Klützer Winkels und des Dassower Beckens. Die östlichen Abschnitte, mit den moorigen marschenartigen Flachküsten und dem noch intakten Salzgrasland, sind vor Wind und Wellen geschützte Zonen. Mehrere Naturschutzgebiete befinden sich im Bereich der Bucht, einem international bedeutsamen Feucht- und Vogelschutzgebiet für Wasser- und Watvögel.

Wie ein Finger ragt die Halbinsel Wustrow mit sandigen Strandwällen, Haken und Nehrungen zur Vogelinsel Langenwerder herüber und schließt vor Rerik das Salzhaff ein. Hier beginnt das Neubukower Becken mit der Kühlung. Südwärts der Bucht verläuft die Hügelkette der Moränen, vom Wallensteingraben nordwärts durchbrochen, in einer von der Landwirtschaft geprägten Acker- und Feldheckenlandschaft.

Im Gegensatz zu den westlichen Abschnitten der Bucht mit ihren teils ausgedehnten Sandstränden liegt der östliche Teil als **Salzhaff** im Schutz der vorgelagerten Insel Poel, des Langenwerders und der Halbinsel Wustrow mehr oder weniger abgeschirmt von den Strömungen der Ostsee im Windschatten und ist über weite Strecken von verschilften Ufern über schlickigem Untergrund gesäumt. Nur hier und dort laden meist flache Sandstrände zum Baden ein, wie in Tour 13 beschrieben und empfohlen, und allein der **Boiensdorfer Werder** mit seinem Campingplatz und dem Sandstrand vor der Abbruchkante in Richtung Langenwerder vermittelt zwischen Bodden und freiem Strand. Auf der Ostseite des Salzhaffs steigt der Boden ganz allmählich aus dem Wasser und setzt sich nach dem Schilfgürtel in **Feuchtwiesen** fort, die wiederum nur wenig über den Wasserspiegel herausragen. Hier sind die Uferpartien nicht von Wanderwegen begleitet, **Brutvögel** werden nicht gestört, **Wintergäste** sammeln sich schon vom Frühherbst an in großen Scharen, so daß die Ornithologen und Naturschützer mehrere **Schutzgebiete** in dem international bedeutsamen Brut- und Rastgebiet für **Wat-** und **Wasservögel** eingerichtet haben. Dem Naturfreund und Ornithologen bieten sich vielfältige Möglichkeiten zur Beobachtung, wenn er nur mit dem Fernglas umzugehen und den herben Charakter dieser Landschaft zu schätzen weiß.

Auch die dem Salzhaff zugewandten Seiten der **Vogelschutzinsel Langenwerder** verlieren sich ganz sacht im Wasser des Salzhaffs und bieten der vielfältigen Artenschar beste Nahrungsgründe. Zu den beiden Spitzen der Halbinsel Wustrow hin sind dem Langenwerder sehr wechselhafte Reihen von **Sandbänken** vorgelagert, auf denen oft seltene Brutvögel wie Zwergseeschwalben brüten, der Seeadler im Winterhalbjahr nach Nahrung stößt und sich ab Herbst die bunte Vielfalt der Wintergäste zuerst versammelt. Leider kann den Touristenströmen gerade dieses interessante Vogelland nicht geöffnet werden. Aber zur **Brutzeit** ist von **Gollwitz** aus mit einem Fernglas dann ein **vielfältiger Einblick** in dieses Vogelleben möglich, wenn die Altvögel zur Futtersuche für den Nachwuchs das Kuhlenloch aufsuchen und vor allem die Seeschwalben völlig unbeeinflußt von den Touristen wie ein Pfeil nach allerlei Getier ins Wasser stoßen → Tour 14.

Am Gollwitzer Strand teerten, reparierten und trockneten in Vorwendezeiten die beiden Gollwitzer Fischer Waack und Schwarz ihre Netze, während ihr Kutter im Windschatten der Vogelschutzinsel verankert war. Auf dem Salzhaff trieben noch in der Nachkriegszeit Zeesboote mit braunen Segeln quer vorm Wind und zogen das zwischen dem Bugspriet und dem Driftbaum ausgespannte Schleppnetz durch das flache und meist stille Gewässer. Vor allem Zander, Plötzen und Barsche gingen den Fischern dabei ins Netz. Die wenigen erhalten gebliebenen Zeesen wurden von Enthusiasten restauriert und beleben mit ihrer abenteuerlichen Besegelung gelegentlich auch hier das Haff.

Tour 1

# Die alte Hansestadt Wismar

**Anfahrt**

Strecke Rostock–Bad Kleinen–Schwerin

Überlandlinien von Schwerin, Rostock, Lübeck

Von Lübeck – Rostock B 105, Schwerin B 106, Sternberg B 192, P am Marktplatz, am Marienkirchturm, Alter Hafen, Weidendamm

Ausflugsdampfer der Reederei Clermont tägl. 10–17 Uhr, Hafenrundfahrten, Überfahrt zur Insel Poel

**Wanderstrecke** Stadtrundgang etwa 1 Stunde

**Orientierung** → Stadtplan Wismar S. 28

**Rast** Marktplatz, Alter Hafen

**Einkehr** Am Marktplatz, Am Lohberg und Ziegenmarkt

**Quartier** → Wismar-Information im Stadthaus am Markt

## Stadtrundgang durch die Altstadt

1 **Markt** Ausgangspunkt des Rundgangs durch die Altstadt. Der Marktplatz nimmt eine Fläche von 10 000 $m^2$ ein. Seine Kopfsteinpflasterung paßt zu den ihn umgebenden Profanbauten. Neben der alten Gaststätte „Reuterhaus“ steht an der Ostseite das älteste Wismarer Wohnhaus:

2 **Alter Schwede** Das Gebäude wurde 1380 im gotischen Stil mit schönem Treppengiebel erbaut. Es ist heute eine historische Gaststätte.

3 **Wasserkunst** Sie wurde zwischen 1580 und 1602 von Philipp Brandis im holländischen Renaissancestil erbaut und versorgte die Stadt mit Trinkwasser aus den 5 km entfernten Quellen von Metelsdorf.

4 **Rathaus** Es entstand ursprünglich an der Ostseite des Marktes, brannte 1350 ab und wurde an der Nordseite wieder neu errichtet. Nach einer Reihe von Umbauten prägt eine klassizistische Fassade das Gebäude seit 1819 nach Plänen des Hofbaumeisters Georg Barca.
Neben dem Rathaus ragen die schönen Giebel der **Ratsapotheke** hervor.

5 **Mühlengrube** Sie ist Teil eines Kanals vom Mühlenteich bis zum Alten Hafen, der teils Frischwasser brachte, teils Abwasser beseitigte. Flache Last-

kähne gelangten auf ihm bis zu den Speichern.

6 **Schabbellhaus** Es ist Sitz des Heimatmuseums. Das Gebäude wurde im Auftrag des Brauers und Bürgermeisters Heinrich Schabbell 1569–1571 im holländischen Renaissancestil erbaut.

7 **Nikolaikirche** Man gelangt zu ihr über die Straßenbrücke der Mühlengrube. Die Kirche wurde 1381 baulich vollendet. Architektonisch interessant ist das 37 m hohe Kirchenschiff. Die Turmspitze stürzte 1703 bei einem Orkan ab und durchschlug das Kirchenschiff. Ähnliches geschah 1661 mit dem Turmdach von St. Marien. Folgt man dem Wasserlauf in Fließrichtung entlang der Abschnitte Frische Grube und Runde Grube, so gelangt man über den Ziegenmarkt zum Lohberg.

8 **Wassertor** Am Ende des Lohberges steht das 1450 erbaute Wassertor. Es ist das letzte erhaltene Stadttor Wismars. Heute nutzt der Club maritim die restaurierten Innenräume. Überquert man vom Tor die Wasserstraße, steht rechts am Alten Hafen das frühere **Zollhaus**.

9 **Alter Hafen** Am Kai liegen Fischereikutter, Segeljachten und die Fahrgastschiffe. Von hier aus sind Hafenrundfahrten und die Überfahrt zur Insel Poel möglich. Der Hafen ist durch

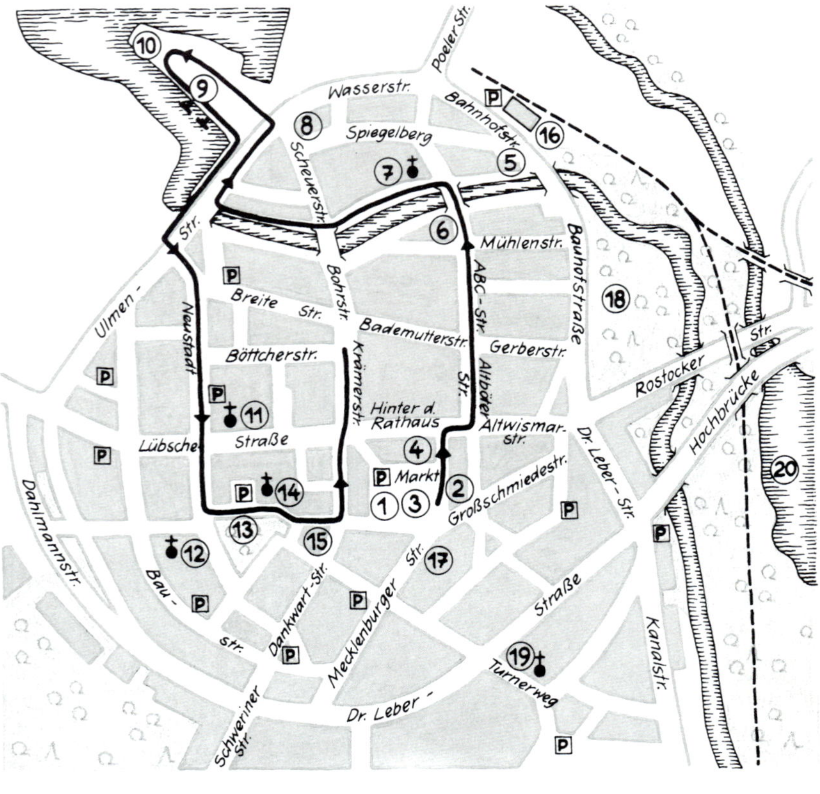

Der Alte Schwede, ein gotisches Giebelhaus am Markt

seine tiefe Lage in der Wismarbucht geschützt; die Fahrrinne muß jedoch auf weiten Strecken ständig ausgebaggert werden, um größeren Frachtschiffen die Einfahrt zu ermöglichen. Lotsen geleiten die Schiffe von der Außenreede entlang der Ansteuerungslinie in die verschiedenen Hafenbecken und zur Werft. In Wismar werden vorwiegend Holz, Kali, Getreide und Metallwertstoffe verladen. Die Fischerei wird privat und in Genossenschaftsarbeit betrieben. Am Sonnabend jeder Woche bauen Händler am Alten Hafen ihre Stände auf. Dieses bunte Treiben am **Fischmarkt** sollte man sich nicht entgehen lassen. Auf den Fischerbooten werden vor den Augen der Kundschaft Frischfische geräuchert und noch warm zum Verzehr angeboten.

10 **Baumhaus** Am Ende des Alten Hafens gelegen, ist es Sitz des Hafenkapitäns und der Lotsenstation. An dieser Stelle sicherte in früherer Zeit eine hölzerne Barriere den unbefugten Zugang zum Hafenbecken. Vor dem Baumhaus stehen die hölzernen Kopien der **Schwedenköpfe**. Sie symbolisieren die Schwedenzeit Wismars. Die Originale standen einst auf Pfählen in der Hafenzufahrt.
Vom Baumhaus aus hat man einen weiten Blick über die innere Wismarbucht mit den Hafenbecken, der Meerestechnikwerft **MTW**, zum Seebad Wendorf mit der neu erbauten 300 m langen Seebrücke und zur vorgelagerten Insel Walfisch.

11 **Heiligengeistkirche** Es ist eine alte Schiffer- und Hospitalkirche, erbaut 1255. Der Zugang ist durch den Hospitalgarten möglich.

12 **Kirchenruine von St. Georgen** Man erreicht sie von der Heiliggeistkirche an der Neustadt über die Große Hohestraße. Es ist eine der schönsten und größten Backsteinkirchen Deutschlands. Ihre Bauphasen reichen bis zum Jahre 1490; der Turm blieb aber unvollendet. Gegenwärtig vollzieht sich ein gigantischer Wiederaufbau. Neben St. Georg steht der

13 **Fürstenhof**, erbaut 1553–1554 durch Herzog Albrecht als Hochzeitspalast im Stil italienischer Renaissance mit reicher Fassadengestaltung aus Sandsteinfriesen und Terrakotten. Portal und Fensterrahmung zeigen Grotesken im Florisstil. Sandsteinfriese an der Vorder- und Rückfassade stellen Szenen aus dem Trojanischen Krieg und der christlichen Mythologie dar.

14 **Ratskirche St. Marien** Sie entstand zu Beginn des 14. Jahrhunderts. Der Turm hat eine Höhe von 82 m. Nach den Bombenangriffen von 1945 war auch das Kirchenschiff noch relativ gut erhalten, wurde aber auf Weisung der damaligen politischen Machthaber 1960 gesprengt, um einem Parkplatz Raum zu geben. Die Ruinen der Kapelle Maria zur Weiden und die der Alten Schule wurden ebenfalls abgerissen.

15 **Archidiakonat** Es ist ein Prunkbau von 1450 mit herrlichem gotischen Giebel. Durch die Sargmacherstraße gelangt man wieder zum Marktplatz.

**Kulturgeschichte** Die Wismarbucht bot sich bereits im frühen Mittelalter als strategisch günstiger Siedlungsplatz an. Es gilt als sicher, daß bereits vor der ersten urkundlichen Bestätigung aus dem Jahre 1229 ein größerer Ort mit besonderen Privilegien existierte. Der Stadtname leitet sich von einem Grenzbach namens **aqua Wissemara** ab, der östlich der Bucht in die Ostsee einmündete. Schon um 1211 gab es hier einen Hafen. Die Stadtgründung war eine Folge der Ostexpansion des Sachsenherzogs **Heinrich des Löwen**, der die Westslawen von ihren relativ schlecht befestigten Wasserburgen vertrieb. Der Obotritenfürst **Heinrich Borwin** (1178–1227) begünstigte deshalb die Stadtgründung, da sie größere Sicherheit bot. Die Verlegung des Fürstensitzes von der Mecklenburg erfolgte 1257 in die Stadt. Dieser verblieb dort bis 1358. Dann wurde durch den Erwerb der Grafschaft Schwerin die Fürstenresidenz mit dem Sitz des Bistums vereint. Reiche Kaufleute, Seeleute und Handwerker verhalfen Wismar sehr schnell zu wirtschaftlicher Blüte. Unter der Führung Lübecks baute die **Hanse** als norddeutscher Städtebund ihre wirtschaftliche und politische Vormachtstellung aus, wobei Wismar unter den mehr als 100 Bündnispartnern eine dominierende Rolle spielte. Schon zehn Jahre nach Stadtgründung erweiterte man die Stadt vor ihren Toren. Es entstand die Neustadt, die allerdings beim großen Stadtbrand 1267 schwer zerstört wurde. Um 1300 wurden **Dominikanermönche** ansässig und gründeten das **Schwarze Kloster** (heute Goethe-Realschule). Im 13. bis 14. Jahrhundert hatte Wismar seine größte Bedeutung mit Textilgewerbe, Holz- und Lederverarbeitung sowie Salzhandel und Bierbrauerei.

Den Wohlstand der Stadt sah jeder an den in dieser Zeit errichteten Profan- und Sakralbauten. Von den fünf Stadttoren existiert heute nur noch das **Wassertor** am Alten Hafen. Die erste **Schiffergesellschaft** wurde 1595 gegründet. Der Dreißigjährige Krieg verschonte die Stadt nicht. **Wallenstein** besetzte 1627 Wismar, 1632 kamen die Schweden. Pest und Brandschatzungen machten die Stadt bald arm und entvölkerten sie. Wismar, die Insel Poel und das Amt Neukloster kamen durch den **Westfälischen Frieden** (1648) zu Schweden. Diese bauten Wismar zur damals größten Festung aus.

Ende des 17. bis Mitte des 18. Jahrhunderts war Wismar Hafen- und Umschlagsplatz der Niederlagsschiffahrt. Diese Zeit endete mit der Besetzung durch preußische Truppen im **Siebenjährigen Krieg** 1757 und dem Niedergang der Schiffahrt. Erst 1829 entstand zwischen Wismar und Schwerin eine feste Straßenverbindung, der 1846 die Eisenbahnstrecke folgte. Ende des 19. Jahrhunderts entstanden Eisengießerei, Waggonfabrik, Zuckerfabrik und Schlachthof. Im Zuge dieser Expansion verschwanden in den Jahren 1869–1880 Stadtwälle und Stadtmauern.

Im **2. Weltkrieg** trafen Wismar dreizehn schwere Bombenangriffe. Mehr als ein Drittel der Wohnhäuser und historisch

Die alte Wismarer Wasserkunst

Handel und Zucht Mecklenburger Pferde entwickelt sich zu einem Wirtschaftsfaktor

wertvolle Bauten wurden Opfer des **Bombardements vom April 1945**. Nach dem Krieg erfolgten der Ausbau des Seehafens und einer **Großwerft**. Seit 1969 ist Wismar eine **Hochschulstadt**. Nach der deutschen Wiedervereinigung ist man gemeinsam mit der Hansestadt Lübeck bemüht, die alten hanseatischen Traditionen wieder zu beleben und Wismar mit seinem denkmalgeschützten **Altstadtkern** zu neuem Glanz und wirtschaftlichem Aufschwung zu verhelfen.

Tour 2

# Strandwanderung zum Baden und Reiten nach Zierow

**Anfahrt**
🚌 Stadtverkehr Linie B bis Endstation Seebad Wendorf, Rückfahrt von Zierow nach Wismar mit Linie A 32
🚗 B 105 bis Abzweig Vor Wendorf Richtung Seebrücke mit Parkmöglichkeit auf dem Platz und den Straßen vor der ehemaligen Gaststätte „Seeblick“
🚲 Von Wismar über Vor Wendorf bis Hoben
⛴ Vorgesehen Überfahrt vom Alten Hafen zur Seebrücke Wendorf

**Wanderstrecke** und **Profil** Ebene Strecke, bis Fliemstorfer Huk guter Weg, im Strand- und Kliffbereich etwas feucht. 5 km / 1 Stunde 30 Minuten

**Orientierung** mit Wegmarkierung Rotes Dreieck → Tourenkarte S. 34

**Rast** Bademöglichkeiten in Vor Wendorf und Zierow

**Einkehr** Gaststätten in Vor Wendorf und Zierow

**Quartier** Zeltplatz Zierow

Vor Beginn der Wanderung empfiehlt es sich, von der Buswendeschleife die Treppe zur Seebrücke abzusteigen, denn von hier aus bietet sich ein herrlicher Rundblick zur Hansestadt Wismar mit der Werft und zum gegenüberliegenden Ufer mit Redentin und der Insel Poel.
Unterhalb der früheren Gaststätte „Seeblick“ wandert man westwärts durch ein kleines Wäldchen, folgt dem Wanderweg oberhalb der Steilküste bis Hoben und steigt dort zum Strand ab. Sehenswert sind die durchweg reetgedeckten Häuser im alten Fischerdorf Hoben. Die sich anschließende Flachküste ist Standort vieler

Salzpflanzen. Am Fliemstorfer Huk erreichen wir einen geologisch interessanten Bereich (→ Erdgeschichte). Der Weg wird nun am Strand unterhalb des Kliffs bis zum Zeltplatz Zierow fortgesetzt. Dort besteht Einkehr und Bademöglichkeit. Wer am Strandweg weiterwandert, erreicht die Ortslage Hohen Wieschendorf mit dem FKK-Strand und dem neu errichteten Golfplatz mit modernem Hotel. Empfehlenswert ist ein Abstecher zum Ort Zierow mit der Landwirtschaftsschule, in einer naturnahen Auenwald-Niederung gelegen (500 m vom Strand). Geht man 1 km weiter durch die Niederung nach Eggerstorf, so erreicht man den Reiterhof mit vielseitigem reittouristischen Angebot. Wer selbst einmal als Reiter agieren möchte, der darf es hier probieren.
Naturinteressierte Besucher finden einen Lehrpfad und den vom Umweltamt Wismar betriebenen Landschaftspflegehof vor. Den Rückweg kann man von Zierow mit dem Bus nach Wismar mehrmals täglich antreten.

**Kulturgeschichte** Zierow ist altes Siedlungsgebiet aus der Jungsteinzeit. Sein Ortsname ist vom slawischen Sirowe abgeleitet. Der Raum wurde bis 1750 durch das Geschlecht der Herren von Negendank regiert. Danach war es Gutsbesitz der Barone von Biel mit einer bekannten Pferdezucht bis 1945. Das Schloß wurde danach zu einer Agrar-Ingenieur-Schule und landwirtschaftlichen Berufsschule umfunktioniert.

**Erdgeschichte** Es ist eine Grundmoränenlandschaft mit Stauchzonen an der Küste und Strandwällen (Fliemstorfer Huk) und Schmelzwasserabflußrinne von Proseken über Zierow zur Eggers Wiek. Landeinwärts liegen zwischen Proseken – Hohenkirchen – Wohlenberg die Moränenzüge der Rosenthaler Staffel der Weichsel-Eiszeit.

Am Strand der Wohlenberger Wiek

**Pflanzenwelt** Küstenvorwald und Niedermoorstandorte mit Auenwald finden sich um Zierow und Proseken, Salzpflanzen in einigen Strandzonen: Salzbinse, Strand-Melde, Meersenf, Salzschuppenmiere, Strand-Dreizack, Strand-Wegerich, Andel-Salzschwaden sowie Grün-, Braun- und Rotalgen im Angespül.

**Tierleben** Zierow ist Teil der inneren Wismarbucht, wo sich die Rast- und

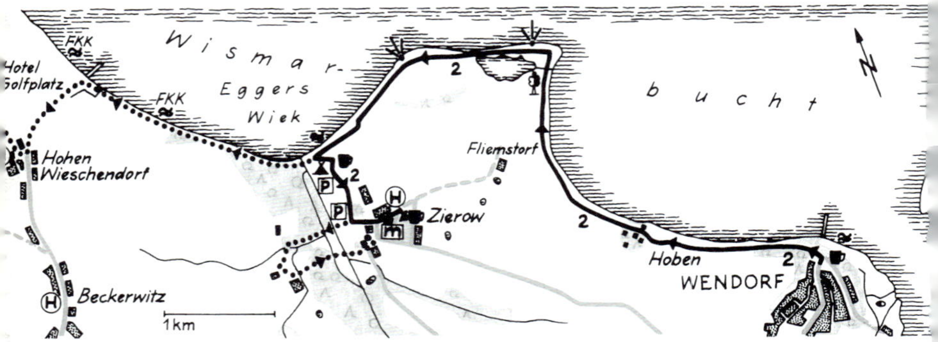


Überwinterungsplätze vieler nordischer Vogelarten befinden. Die Flachwasserzonen mit Schnecken, Muscheln und Meereswürmern bieten Wat- und Wasservögeln reiches Nahrungsangebot.
Zierow ermöglicht die Ausbildung zum Pferdewirt. Hier gibt es auch internationalen Pferdehandel, denn das **Mecklenburger Pferd** hat Ausdauer und Charakter.

**Besondere Empfehlung** Das Zierower Ortsmuseum birgt historische und archäologische Sehenswürdigkeiten. Es existiert ein umfangreicher Bibliotheksbestand über Pferdesport aus vielen Ländern.

Tour 3

# Ausflug zur Wohlenberger Wiek

**Anfahrt**
Bus: Linie A 24, ab Wismar Bahnhofstraße in Richtung Boltenhagen
Auto: Von Wismar B 105 bis Gägelow, dann Landstraße nach Klütz rechts abbiegen (10 km), Großraumparkplätze direkt in Strandnähe

**Wanderstrecke** und **Profil** Hügeliges Gelände, teilweise Flachufer und Kliffs mit Findlingen durchsetzt. Am Küstenstreifen kein ausgebauter Wanderweg

**Orientierung** Tourenkarte → S. 35

**Rast** Breiter Sandstrand an der Wohlenberger Wiek

**Einkehr** Überall am Strand, an den Parkplätzen und in Wohlenberg gastronomische Versorgung

**Quartier** „Landhaus Wohlenberg" mit Fahrradausleihe, Jugendherberge Beckerwitz, Zeltplatz Wohlenberger Wiek

Ein Ausflug zum Baden an der Wohlenberger Wiek ist besonders Familien mit Kindern zu empfehlen. Es gibt breite, feinsandige Strände und weite Flachwasserzonen.
Die Landstraße nach Klütz führt direkt am Strand der Wohlenberger Wiek entlang, so daß lange Anmarschwege zum Wasser entfallen. Linksseitig der Straße ist überall ausreichend Parkmöglichkeit vorhanden. Beidseitig wird die hufeisenförmige Wiek von Kliffbereichen umgeben, von deren Höhe sich ein weiter Blick auf die Wismarbucht bietet. An der Westseite gelangt man auf gutem Wanderweg zu Fuß in etwa 1 Stunde nach Tarnewitz und den Ostteil der Boltenhagenbucht. Wer ein Stück mit dem Bus oder dem Pkw weiter möchte, fährt die Landstraße nach Klütz über Christinenfeld weiter (6 km)

→ Tour 4. Auch auf der Ostseite bietet sich in Richtung Beckerwitz ein in der Karte markierter Rundweg an.

**Erdgeschichte** Wie ein in die Küstenlinie eingepaßtes Hufeisen erscheint uns die Wohlenberger Wiek. Besonders im Westteil rahmen die Randlagen der eiszeitlichen Rückzugsstaffeln die Bucht ein und sind in den Bodenschichten des Kliffs noch gut erkennbar. Wie ein Schutzschild ragt die Sandbank der **Lieps** vom Tarnewitzer Ufer in die Bucht und zeigt deutlich, wie Wind und Wellen zur Verdriftung im Küstenbereich führen.

**Tierleben** Am westlichen Ufer in Richtung Boltenhagen findet sich im meist ruhigen Wasser ein idealer Grund zum Schnorcheln, Tauchen und Beobachten von vielerlei Wassergetier. Ab Hochsommerende ist die Bucht voller überwinternder Schwäne; im Herbst gesellen sich große Scharen nordischer Seevögel dazu.

Tour 4

## Zum Klützer Winkel und der Boltenhagenbucht

### Anfahrt

- Strecke Bad Kleinen – Grevesmühlen – Klütz
- Linie A 24 Wismar – Klütz – Boltenhagen
- B 105 von Wismar über Gägelow (Abzweig) bis Klütz 23 km, bis Boltenhagen 26 km, P Kirchplatz, Klützer Mühle
- Die Tour von Wismar am Küstenwanderweg über Zierow wählen, zwischen Klütz und Boltenhagen existiert ein Radweg

**Wanderstrecke** und **Profil** Radtouristen müssen zwischen Hohen-Zierow mit feuchteren Wegstrecken rechnen
**Orientierung** → Touren 2 und 3, Tourenkarte → S. 35 und 38, Wanderkarte Wismar – Klützer Winkel
**Rast** Zierow und Wohlenberger Wiek (Zeltplätze, Strand, Bademöglichkeit)
**Einkehr** Gaststätte „Klützer Mühle", in Boltenhagen diverse Möglichkeiten im Kurpark und an der Strandpromenade
**Quartier** → Fremdenverkehrsbüro „Klützer Winkel"

---

Dem Fuß- und Radwanderer sei der Fernwanderweg längs der Strandzone nach Boltenhagen empfohlen. Gut ausgestattete **Zeltplätze** in Zierow und an der Wohlenberger Wiek sowie die **Jugendherbergen** in Beckerwitz und Großenhof ermöglichen auch längere Zwischenaufenthalte zum Baden oder intensiverer Naturbeobachtung. Der motorisierte Tourist erreicht Klütz und Boltenhagen überall gut über asphaltierte Landstraßen, die von herrlichen **Alleen** begleitet werden.

In **Klütz** besuchen wir auf jeden Fall die **Marienkirche**, eine Backsteinhallenkirche (um 1330) mit prächtigem Barockaltar und altem Chorgestühl. Von hier aus steigen wir vom Kirchhof die Stufen herab, überschreiten den kleinen Marktplatz und biegen rechts in die Straße zur **Klützer Mühle** ein. Diese ist zu einer attraktiven Gaststätte ausgebaut worden. Ein Besuch lohnt sich, zumal man von hier einen herrlichen Rundblick über die Landschaft bis zur Ostsee und zu den Endmoränenketten des **Klützer Winkels** hat.

Die Seebrücke Boltenhagen

Schloß Bothmer

Nur 3 km nordwärts führt die Landstraße zum zweitältesten **Ostseebad Boltenhagen**. Ein Fuß- und Radweg verläuft dazu parallel. Die im sanften Bogen verlaufende 4 km lange Bucht mit steinfreien Stränden, weiter **Strandpromenade** und schönem **Küstenvorwald** gehört zu den begehrtesten Bade- und Kurorten an der westlichen Ostseeküste. Die neue **Seebrücke** und die Fahrgastschiffahrt bieten zusätzliche Angebote, die Küste aus dieser Position kennenzulernen. Wer nicht nur baden möchte, könnte die Wanderstrecke westwärts oberhalb der hohen **Steilküste** als Rundkurs über Steinbeck und Grundshagen fortsetzen und von hier aus nach Klütz zurückkehren.

**Kulturgeschichte** Klütz wurde 1188 als „Silva Clutse" gegründet und 1230 zum erstenmal urkundlich erwähnt. 1319 war es zusammen mit Arpshagen Besitz der Ritter von Plessen, ab 1726 Residenz der Grafen von Bothmer bis 1921. Seit 1660 besitzt der „Klützer Markt" alte Jahrmarktstradition. Als großer Marktflecken erhielt Klütz 1938 das Stadtrecht.

**Boltenhagen** wurde 1230 gegründet und war noch bis 1800 ein Bauern- und Fischerdorf. Danach wurde der Badebetrieb aufgenommen. Um 1861 legte man einen Küstenschutzwald mit Strandpromenade an. Durch das günstige Seeklima wurde Boltenhagen zu einem beliebten Seebad, das heute speziell Kuren für Blinde und werdende Mütter anbietet.

**Erdgeschichte** Der Klützer Winkel stellt ein tektonisches Hebungsgebiet dar, hervorgerufen durch tertiäre Absatzgesteine und einen im Untergrund befindlichen Salzstock. Die **Dietrichshägener Berge** bestehen aus Gesteinen der oberen Kreide. Diese Hochgebiete und Senken bremsten und leiteten den Eisstrom des letzten Eisvorstoßes in Form eines südwärts bis zum Schweriner See vordringenden Eislobus. Dieser formte die Staffeln der Moränen und Abflußrinnen der Schmelzwasser. **Rinnenseen**, wie der Ploggensee und Vielbecker See bei Grevesmühlen sind Oberflächengewässer dieser geologischen Strukturen. Nördlich der Endmoränenkette bildeten sich aus dem lehmig-sandigen Geschiebemergel der Grundmoräne fruchtbare Ackerböden.

**Pflanzenwelt / Tierleben** Maritime Flora und Fauna → Tour 2, Tour 13.
Die **Straßenalleen**, Feldgehölze und Hecken im Landschaftsbild machen diesen Landstrich ökologisch besonders wertvoll. Senken mit Niedermoorstandorten und viele **Sölle** in der Ackerlandschaft sind Rückzugsgebiete für seltene Tiere und Pflanzen. In Küstennähe stehen auf Mineralböden gute Laubmischwälder mit artenreicher Krautschicht. Darin kommen Waldprimel, Scheidengoldstern, Hügelbaldrian und Aronstab vor.

Tour 5

# Ausflug zum Schloß Bothmer

**Anfahrt** nach Hofzumfelde bzw. Klütz
Strecke Grevesmühlen – Klütz bis Klütz
Linie A 2, Richtung Grevesmühlen bis Hofzumfelde
Landstraße Klütz – Wismar rechts abbiegen in Richtung Damshagen bis zum P Kastanienallee vor dem Schloß

**Wanderstrecke** und **Profil** etwa 1 km ebene Fahr- und Fußwanderstrecke

**Orientierung** mit Wegemarkierung → Tourenkarte oder Kompass-Spezialwanderkarte Wismar – Klützer Winkel

**Rast** Gaststätten in Klütz
**Einkehr** Café im Schloßgarten
**Quartier** → Klütz-Information

Vom ehemaligen **Schloßgutshof** Hofzumfelde folgen wir einer Baumallee, vorüber an einer kleinen Kapelle am Wegesrand erreichen wir nach 500 m das **Schloß Bothmer**. Von Gräben umgeben, erweckt es den Eindruck einer Wasserburg. Aber es sind Grundwasserabsenkungen in der Niederung, die gleichzeitig als architektonische Gestaltungskomponenten dienten.
Der Schloßbau imponiert durch seine exakte räumliche Gliederung, seine Farbigkeit und nicht zuletzt durch den **Landschaftspark** mit den Teichen. Seit 1945 wurde das Barockschloß Bothmer als Altersheim umfunktioniert. Die Bausubstanz hat sehr gelitten, doch lohnt ein Besuch zu jeder Jahreszeit.
Im Auftrag des Reichsgrafen Hans Caspar Gottfried von Bothmer wurde der Schloßbau zwischen 1724–1732 nach dem Vorbild des Schloßbaus „Blendheim-house" in Oxfordshire vom Architekten Künnecke errichtet, denn der Graf von Bothmer stand in Diensten des englischen Königs Georg I. Zum gräflichen Besitz gehörten mehr als 20 Ortschaften und sehenswerte Parkanlagen. Das Familienarchiv der Grafen ging leider beim Umzug nach Klütz in den Kriegswirren verloren. Ganz in der Nähe, südöstlich von Arpshagen, stand einst die alte Wasserburg der Herren von Plessen. Der hohe Grundwasserstand in dieser Niederung bedingte einen Erdaushub um die spätere **Schloßanlage**. So entstanden die Gräben und eine Teichanlage im Park. Sehenswert sind die beiden **Alleen**. In Verlängerung der Schloßachse an der Zufahrtsbrücke führt die eine Lindenallee schnurgerade zum früheren Versorgungsgut **Hofzumfelde**. Interessant ist der Stutzschnitt dieser Bäume, ähnlich der Form von Kopfweiden, doch mit waagerechter Astführung. Die zweite frontal angelegte Allee führt zur früheren Hauptstraße nach Klütz. In ihrer Verlängerung stößt man auf die Kapelle.
Der Schloßbau ist sehr symmetrisch gegliedert. Der etwas zurückgelegte Haupttrakt wird von den seitlichen Kavaliershäusern flankiert, die ihrerseits wieder in die kantigen Gebäude von Stall, Wagenremisen und der gräflichen Kapelle überleiten. Hinter dem barocken Schloßkomplex liegt die **Parkanlage**, die man am besten rechts um die Kapelle herum erreicht. Der ursprüngliche Barockgarten wurde später in einen englischen **Landschaftsgarten** umgestaltet, behielt aber durch die Alleenumfassung seinen Ursprungsstil im wesentlichen bei. Der Gehölzbestand enthält Buchen, Lärchen, Sitkafichten, Tulpenbäume und Pyramideneichen in noch gutem Zustand. Auch ein kleines **Café im Park** und eine Freilichtbühne bereichern die Anlage.

Tour 6

## Auf nach Grevesmühlen, dem „Kreihnsdörp"

**Anfahrt**

🚂 Strecke Rostock – Bad Kleinen – Lübeck

🚌 Von Wismar, Großschmiedestraße Linie A 4 (mehrmals täglich mit Rückfahrt)

🚗 Von Wismar: B 105 in Richtung Lübeck; von Schwerin: Landstraße über Mühlen-Eichsen

P am Bahnhof, am Ploggensee, Mühlenstraße, Kreisverwaltung (Malzfabrik), hinter Einkaufszentrum Wismarsche Straße

**Orientierung** → Stadtplan Grevesmühlen

**Einkehr** „Café Sybille" (Wismarsche Straße), „Café und Biergarten Gödel" (Kastanienallee), im „Schützenhaus"-Restaurant und der „Mühlen-Gaststätte"

**Quartier** → Stadtinformation Grevesmühlen

---

## Stadtrundgang

**Grevesmühlen** liegt landschaftlich reizvoll, im Norden von drei eiszeitlich entstandenen Rinnenseen (Santower See, Vielbecker See, Ploggensee) eingerahmt, im Süden zwischen Börzow und Wotenitz von großflächigen Waldbereichen und einer hügeligen Feldheckenlandschaft bis zum Tal der Stepenitz umgeben. Da es in der Gegend früher angeblich viele Krähen gab, stammt davon der niederdeutsche Begriff **„Kreihnsdörp"** ab. Die Grevesmühlener werten die Bezeichnung als liebevollen Beinamen für ihre alte Stadt.

1 **Bahnhof** Von diesem Verkehrsknotenpunkt an der Südperipherie der Stadt erreicht man über Rehnaer- und Breitscheidstraße, Parkstraße und Wallallee schnell das Zentrum. Hier bietet sich ein Blick auf alte Reste der mittelalterlichen Befestigungsanlagen von der

2 **Parkstraße** und dem **Bürgergarten**.

3 **Stadtkirche St. Nicolai** Es ist eine dreischiffige Hallenkirche aus dem 14. Jahrhundert, die um 1870–1872 erweitert wurde.

4 **Alte Apotheke** Vom Kirchplatz gehen wir zur August-Bebel-Straße und kommen hier an der Alten Apotheke von 1699 vorüber.

5 **Markt und Rathaus** werden ausgangs der August-Bebel-Straße erreicht. Das Rathaus ist ein Bau von 1715, der das im Jahr 1585 abgebrannte ursprüngliche Ratsgebäude ersetzte.

6 und 7 **Krankenhaus** und **Vielbekker See** Vom Markt gehen wir an der Großen Seestraße vorüber in die nördliche Senke zum Badstüverbruch. Nach links geht es zum Vielbecker See. Wir überschreiten die Straße und können zur Sandstraße weitergehen. Dort kann man in der Nähe einkehren.

8 **Mühlengaststätte** Es ist eine alte Galerie-Holländermühle, die frühere Wiechmannsche Windmühle. Sie wurde zu einer rustikalen Gaststätte ausgebaut.

9 und 10 **Ploggensee** und **Badeanstalt** Folgen wir der Sandstraße nach rechts weiter und überschreiten die Landstraße in Richtung Hohenkirchen, wird der Ploggensee erreicht. Eine Badeanstalt mit großer Liegewiese, Bootsausleihe und gastronomischer Betreuung bietet Gelegenheit zur Rast und Entspannung.

**Kulturgeschichte** Schon um das Jahr 1226 erscheint die Ortsbezeichnung **Gnevesmolen**. Sie kennzeichnet einen

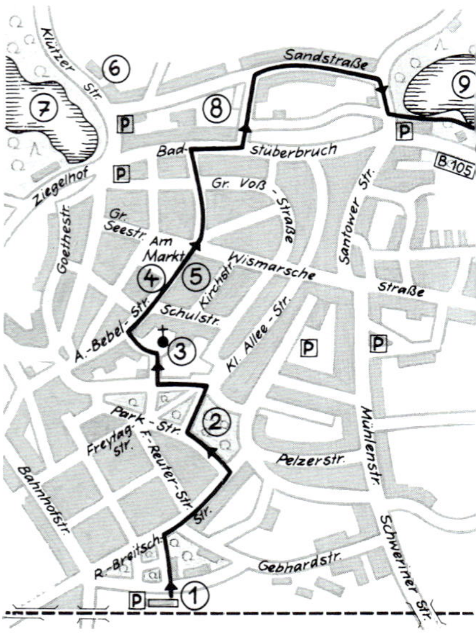

Das Rathaus von Grevesmühlen, ein zweigeschossiger Backsteinbau aus dem Jahre 1715

Siedlungsplatz mit einer größeren Mühlenanlage. Grevesmühlen erhielt bereits 1262 das Stadtrecht.
Die Lage der Stadt an der alten Handelsstraße von Lübeck über Rostock und Stralsund bis in das Baltikum ordnete ihr im Mittelalter große wirtschaftliche Bedeutung zu. Leider künden nur noch wenige Überreste alter Bausubstanz von den damaligen Befestigungsanlagen. Ehemals umgab die Stadt eine Mauer mit Wiekhäusern und drei Stadttoren. Im 14. Jahrhundert besaß Grevesmühlen ein herrschaftliches Schloß. Dieses mußte zwischen 1786 und 1790 dem Bau des großherzoglichen Amtshauses weichen. Bereits im Jahr 1659 hatte ein großer Stadtbrand weite Teile der mittelalterlichen Siedlung zerstört. 1870 erfolgte der Bahnanschluß nach Bad Kleinen. Das förderte die Ansiedlung von Industrie und Gewerbe (Malzfabrik, Textil- und Holzverarbeitung).
Grevesmühlen setzte sich als Kreissitz durch, was sich nach der Gebietsreform im Land Mecklenburg-Vorpommern nicht änderte.

**Erdgeschichte** Grevesmühlen liegt in der **Grundmoränenlandschaft** eingebettet, nördlich der beiden Rinnenseen **Ploggensee** und **Vielbecker See** von den Randschuttlagern der Inneren Baltischen Hauptendmoräne umgeben. Südlich der Stadt verläuft ein zungenförmiger Sander aus dem Raum Tressow und Plüschow westwärts.
Die beiden Flüßchen **Radegast** und **Stepenitz** entwässern diesen Landschaftsbereich zum Dassower Becken. Nur der **Tarnewitzer Bach** nimmt vom Santower See aus seinen Lauf gen Norden zur Wismarbucht.

**Pflanzenwelt** → Tour 7
**Tierleben** → Tour 7

# Ein Abstecher vom Ploggensee zum Iserberg

**Anfahrt**
Strecke Rostock – Bad Kleinen – Lübeck
Rückfahrtmöglichkeit mit Linie A 4 ab Neu Degtow
B 105 bis Abzweig zur Badeanstalt am Ploggensee mit **P** am Ploggensee
Rundstrecke über Ploggensee – Hamberge – Neu Degtow mit Steigungen

**Wanderstrecke** und **Profil** Gut befestigter Fuß- und Radwanderweg, zum Iserberg ansteigend; teilweise mit Treppen bis 100 m Höhe
Rundwanderung 6 km / 2 Stunden

**Orientierung** → Tourenkarte

**Rast** Rastplatz auf dem Iserberg; Bademöglichkeit am Ploggensee (Badeanstalt, Bootsausleihe)

**Einkehr** Gaststätten am Ploggensee, Hamberge, Neu Degtow

**Quartier** → Grevesmühlen-Information

Vom Parkplatz am Ploggensee sind es nur wenige Schritte bis zur Badeanstalt. Hier bietet sich auch eine Bootsfahrt auf dem See an.

Vom Parkplatz aus geht man ein kleines Stück entlang der Landstraße nach Groß-Walmstorf und biegt dann nach 300 m zum Ufer des **Ploggensees** ab. Dieser Rinnensee ist lang und schmal und im hinteren Bereich von Auen- und Bruchwaldreliktgesellschaften umgeben. Ein biologischer **Lehrpfad** führt um ihn herum. Wir folgen am Südufer diesem Pfad, halten uns am Ende des Sees links und folgen dem Wanderweg zum **Iserberg**, der allmählich auf die Höhe von 100 m ansteigt. Die Richtung ist kaum zu verfehlen, da auf dem Iserberg der Stahlturm eines Fernsehumsetzers weit sicht-

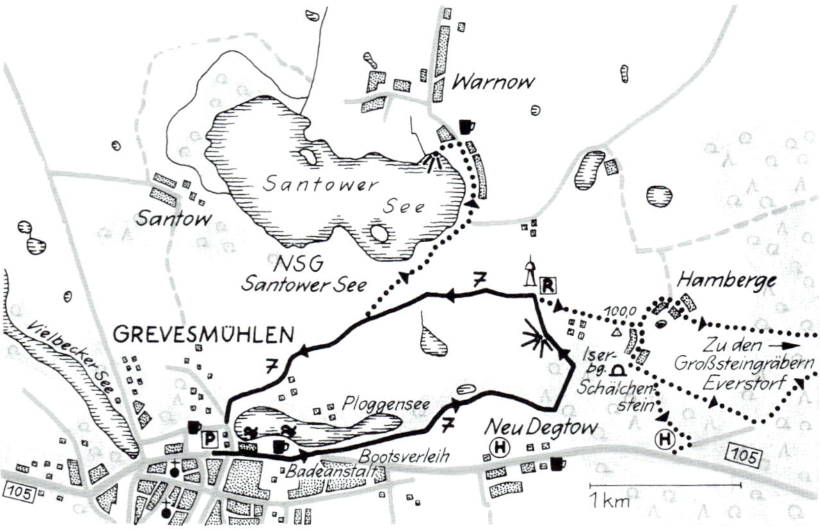

bar ist. Von hier aus haben wir einen herrlichen Rundblick auf Grevesmühlen, den **Santower See** im Nordwesten und den **Everstorfer Forst** mit seinen bekannten **Großsteingräbern** aus der Jungsteinzeit. Über Hamberge ist es bis dahin nicht weit. Der Rückweg kann dann am Nordufer des Ploggensees angetreten werden, wenn man sich für eine Rundwanderung entscheidet.
Zur Erleichterung des Aufstiegs hat man eine Treppe am Westhang des Iserberges angelegt, so daß der letzte Wegabschnitt bequemer wird. Eine erhöhte **Plattform** gewährt am Ende der Treppe eine Rundumsicht und ein überdachter **Rastplatz** mit Bänken und rustikalen Naturholztischen lädt zum Verweilen ein.

**Erdgeschichte** Der Ploggensee ist ein schmaler, charakteristischer Rinnensee, der in der letzten Eiszeit durch Ausspülung abfließender Schmelzwasser entstanden ist. Der Iserberg ist Teil einer Moränenstaffel aus der Weichseleiszeit.

**Pflanzenwelt** Um den Ploggensee findet man nur schmale Röhrichtgürtel, am Ostteil mit breiten Verlandungszonen aus Erlen, Eschen und Weiden. Die Moränenhügel tragen einen Eichen-Buchen-Mischwald mit krautreicher Bodendekkung. In Richtung Barendorf stocken lokkere Kiefernforste.

**Tierleben** Vom Ufer des Ploggensees aus sieht man allerlei Wassergeflügel, wie Bleßrallen, Stockenten und Schwäne. In den Feuchtlagen der Verlandungsbereiche sind Bachstelze, Weidenmeise und Gartengrasmücke anzutreffen. An den Waldrändern, den Hecken und Gebüschen der Moränenhügel begegnen uns der Buchfink, die Goldammer und manchmal auch das Braunkehlchen.

Tour 8

# Rundwanderung durch geschützte Natur zwischen Pötenitz und Deipsee

---

**Anfahrt** nach Pötenitz
🚌 Linien A 11 Dassow – Rosenhagen, A 12 Dassow – Harkensee – Barendorf
🚗 Von B 105 ab Dassow Landstraße, Abzweig Priwall rechts halten. **P** in der Ortslage Pötenitz oder Parkplatz Rosenhagen (100 m vor dem Strand)
🚲 Von Dassow Landwege über Wieschendorf nach Rosenhagen oder Harkensee
**Wanderstrecke** und **Profil** Eben bis leicht welliges Gelände, sandige Wege, Rundwanderweg 6 km / 2 Stunden
**Orientierung** → Tourenkarte S. 45
Kompass-Wanderkarte Wismar – Klützer Winkel, Naturschutzführer „Zwischen Harkenbäk und Untertrave“, Umweltministerium Mecklenburg-Vorpommern, 1994
**Rast** Strand bei Rosenhagen
**Einkehr** Gaststätten in Pötenitz und Harkensee „Schloßkrug“, „Pötenitzer Hof“, „Alte Scheune“

---

Vom Ort **Pötenitz** wendet man sich westwärts in Richtung des **Rosenhagener Ufers**. Inzwischen hat man damit begonnen, die Betonplatten des ehemaligen Kolonnenweges der früheren Grenzsicherungsanlagen zu beseitigen, so daß wir gut auf dem Dünenwall vorankommen. Die Uferzonen und die dahinter liegenden Feuchtwiesen und moorigen Bereiche sind als **Naturschutzgebiet** ausgewiesen. Man darf also den Weg nicht verlassen. Die Wegführung der schönen Rundwanderung kann sowohl über Ro-

Das Naturschutzgebiet Deipsee aus der Vogelperspektive

senhagen oder Hof Barendorf und Harkensee gewählt werden. Empfehlenswert ist es jedoch, den Rückweg am Naturschutzgebiet des **Deipsees** vorüber zu planen. Dieser liegt 1 km südwestlich der Ortschaft Harkensee. Von hier aus erreicht man nach 3 km Landweg wieder die Ortslage Pötenitz. Diese Tour ist als Radwanderung gut geeignet. Wer eine **Tourenerweiterung** mit dem „Drahtesel" nicht scheut, kann von Harkensee 2 km den Landweg über Neuenhagen zur Klützer Chaussee benutzen und dieser bis **Kalkhorst** (2,5 km) folgen. Dort kann man die große gotische Hallenkirche und das neogotische Schloß mit der alten Parkanlage besuchen. Man erlebt auf dieser Tour beeindruckende Landschaft mit Baumalleen und Feldwegen mit zahlreichen Kopfweiden bestückt. Aus der Ferne grüßt der Hohen Schönberg mit 89 m ü. N. N., die höchste Erhebung des Klützer Winkels.

**Kulturgeschichte** Am Deipsee befindet sich eine guterhaltene altslawische **Burgwallanlage** – der **Harkenwall**. Der Wall ist nicht von Großgehölzen bewachsen und somit in seiner Struktur gut erkennbar.

**Erdgeschichte** Der Landstrich gehört zum Dassower Becken. Der Deipsee befindet sich am Ende eines kleinen Gletscherzungenbeckens und ist von Endmoränen der Rosenthaler Staffel umgeben. Ursprünglich ragte von der Ostsee bis in diese Region eine Förde, die später durch Strandversetzung aus der Lübekker Bucht verlandete. Der See hat Quellzonen und wird über einen Bachlauf zur Ostsee entwässert.

**Pflanzenwelt** Um den Deipsee wächst ein schmaler Gürtel von Laubmischwald. Auf den Steilhanglagen stehen Rotbuchen, Eschen und Feldahorn. In den moorigen Quellzonen stockt Erlenbruchwald, mit Großseggen- und Röhrichtzonen durchsetzt. Die Wasservegetation zeigt schöne Bestände von Weißer Seerose, Spiegelndes Laichkraut und Krebsschere.

**Tierleben** In diesem Feuchtgebiet brüten Rohrweihe, Moorente, Rothalstaucher und Höckerschwan.
Am Rosenhagener Ufer ist der Sandregenpfeifer anzutreffen.

**Hinweis:** Wer möchte, kann auch vom Pötenitzer Reiterhof aus die Tour auf Pferderücken unternehmen.

Tour 9

# Mecklenburger Landschaftsmaler in Wodorf, Mühlendenkmal in Stove

**Anfahrt**

🚌 Haltestelle Wodorf der Linien A 31 und A 46a von Wismar / Großschmiedestraße nach Boiensdorf bzw. Rerik

🚗 Anfahrt auf der Landstraße Wismar – Boiensdorf – Neubukow, **P** an der Mühle, am Dorfmuseum und an der Salzhaff-Information in Stove

**Wanderstrecke** und **Profil** von der Haltestelle Wodorf auf Fahrwegen und Landstraße etwa 7 km durch ebene bis flachwellige Landschaft

**Orientierung** → Tourenkarte S. 47

**Rast** an der Mühle Stove

**Einkehr** Robertsdorf: Imbiß „Trabbi 601", Friedrichsdorf: „Alter Gutshof", Stove: Mühlen-Café und Konditorei, Imbiß-Bistro, Gaststätte „Kiek in"



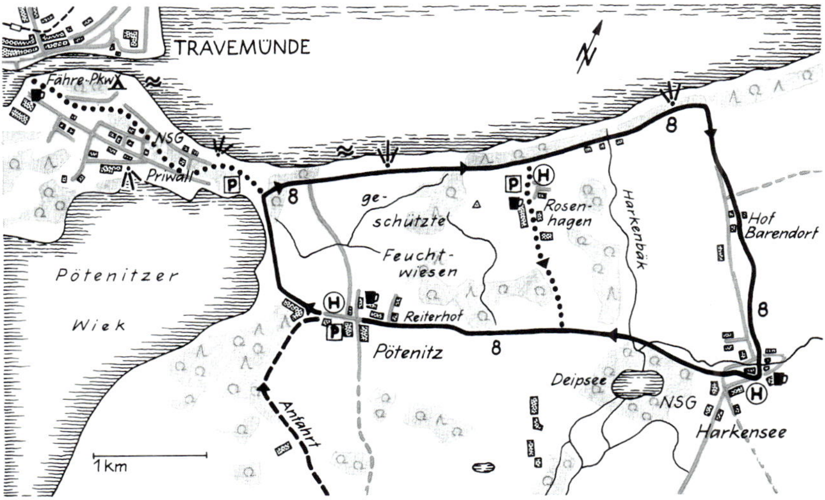

Von der Bushaltestelle Wodorf geht man etwa 300 m in nördliche Richtung und biegt dann rechts auf den Fahrweg ein. Neben einem **Bauernhof** mit rohrgedeckten Gebäuden steht das **„Malerhus“** des Künstlers Rolf Möller, ein liebevoll ausgebautes altes rohrgedecktes Bauernhaus. Besichtigungen des Ateliers sind möglich.
Weitergehend, biegt man an der nächsten Wegegabelung links ein. Vogelscheuchenartige Figuren zeigen an, daß man auf dem rechten Weg zur **„Galerie Heidekaten“** ist. Man gelangt zu ihr, wenn man dem von Kopfweiden gesäumten Weg folgt. Die Galerie befindet sich im 1870 erbauten alten Schulhaus Heidekaten und war Sommerwohnung des bekannten mecklenburgischen Malers Carl Hinrichs. Hier sind wechselnde Ausstellungen zu sehen und verschiedenartigste Veranstaltungen finden statt.
Auf dem links am Gebäude vorbeiführenden Weg geht es weiter. Nach etwa 400 m ist die Landstraße Blowatz – Neuburg erreicht. Geradeaus, am Ortseingang Robertsdorf vorbei geht es bis Friedrichsdorf.
Dort biegt man neben der Gaststätte „Alter Gutshof“ nach links in den etwas versteckten Feldweg ein, der nach **Dreveskirchen** führt. Rechts liegen in einem zur Ostsee führenden Tal von einem Bach durchflossene Wiesen. Nach etwa 500 m am Feldrand entlang, kommt man in Laub- und Mischwald und ist bald in Dreveskirchen. Vorbei am Sportplatz mit der Turnhalle und der Realschule gelangt man zum Kriegerdenkmal und zur **Kirche**.
Unsere Wanderung in Richtung Stove führt weiter über den Schulhof zur Landstraße (Bushaltestelle), auf die wir nach rechts einbiegen. Nach etwa 400 m endet der Wald – und die **Aussicht** öffnet sich nach links auf **Zaufe** und **Große Wiek** mit der Insel Poel und der Vogelschutzinsel Langenwerder. Nach weiteren 400 m wird die **Holländermühle Stove** erreicht. Vom 30 m hohen **Mühlenberg** bietet sich eine schöne Aussicht. Weit schweift der Blick über das Küstenland, die Buchten, die Insel Poel, Langenwerder, über das Salzhaff auf die Halbinsel Wustrow und bis Rerik. Die Mühle kann täglich besichtigt werden, am Mittwoch ist Mahltag.
Wenige Schritte weiter befindet sich auf der anderen Straßenseite das **Dorfmuseum Stove** mit dem 1994 erbauten Backhaus. Es bietet sehr interessante Einblicke in das bäuerliche Arbeits- und Alltagsleben. Hier befindet sich auch der **Freizeit-, Reit- und Fahrhof Lindner**, wo man sich als Reiter betätigen kann oder auch Kutschfahrten geboten bekommt.
In den Monaten Juli bis August ist außer montags und dienstags auch die **Sommergalerie** der **Malerin Lilian Bremer** zu besichtigen. An der Dorfstraße liegt am nördlichen Ortsausgang die **Tourist-Information „Salzhaff“**.
Wer noch baden möchte, kann an der Kreuzung im Dorf, nach links abbiegend und am Fahrradverleih vorbei, zum etwa 2,5 km entfernten Strand wandern.
Die Rückfahrt kann von der Bushaltestelle im Dorf erfolgen.

**Kulturgeschichte** Die niederdeutschen **Hallenhäuser in Wodorf** mit ihren abgewalmten Rohrdächern und dem Fachwerk stammen aus der zweiten Hälfte des 18. Jahrhunderts. In jüngerer Zeit wurden sie teilweise erneuert. In **Stove** ist ein niederdeutsches **Hallenhaus** mit abgewalmtem Rohrdach aus dem 19. Jahrhundert zu sehen.
Die **Stover Holländer-Mühle** mit ihrem achtseitigen Backsteinsockel wurde 1889 erbaut und war bis 1979 in Betrieb. Seitdem wird sie mit ihrer originalen Ausstattung als technisches Denkmal erhalten.
**Dreveskirchen** hieß im Mittelalter auch Odeskerken oder Olßkerken und wurde 1229, in der Zeit der Ansiedlung deut-

scher Bauern durch die slawischen Fürsten von Mecklenburg, als Tochterkirche von Neuburg erstmals urkundlich erwähnt. Die **Kirche** ist ein Backsteinbau aus der 2. Hälfte des 13. Jahrhunderts. Das Turmobergeschoß mit achteckigem Helm stammt aus dem 19. Jahrhundert. Besonders beachtenswert ist der Ostgiebel mit seiner reichen symbolträchtigen Gliederung und die barocke Innenausstattung.

**Erdgeschichte** Im Raum Heidekaten – Robertsdorf – Friedrichsdorf bestimmen **Sandflächen** in etwa 15 m Höhenlage das Landschaftsbild. Zwischen Friedrichsdorf und Dreveskirchen / Stove erheben sich bis 35 m Höhe **Endmoränen der Rosenthaler** (Rückzugs-) **Staffel**, durchzogen von Wasserabflußtälern. Zum Breitling, zur Zaufe und zur Großen Wiek erstrecken sich danach ebene Grundmoränen.

**Pflanzenwelt** Um Heidekaten finden sich typische Pflanzen der Äcker und Wegraine auf sandigen Standorten und auch Nadelwald mit Kiefern. Die zum Teil vermoorten Wiesen werden aus Mangel an Bedarf kaum noch genutzt.
Eichen, Buchen und Ahorn sind die vorherrschenden Arten des Laubwaldes bei Dreveskirchen; Kiefern, Fichten und Tannen kommen im Mischwald dazu. Brombeeren, Holunder und Haselnuß treten im Unterholz auf.

**Tierleben** Hasen, Kaninchen, Rehe, Schwarzwild und Füchse sind die am häufigsten zu beobachtenden Wildarten. Haubenlerchen, die in der Luft schwirrend ihren Gesang weithin erschallen lassen, Bach- und Schafstelzen sowie viele andere Vögel der offenen Feldflur sind zu beobachten. Oft kann man Bussarde in der Luft segelnd oder auf dem Ansitz sehen. Auch Gabelweihen sind häufig zu beobachten.

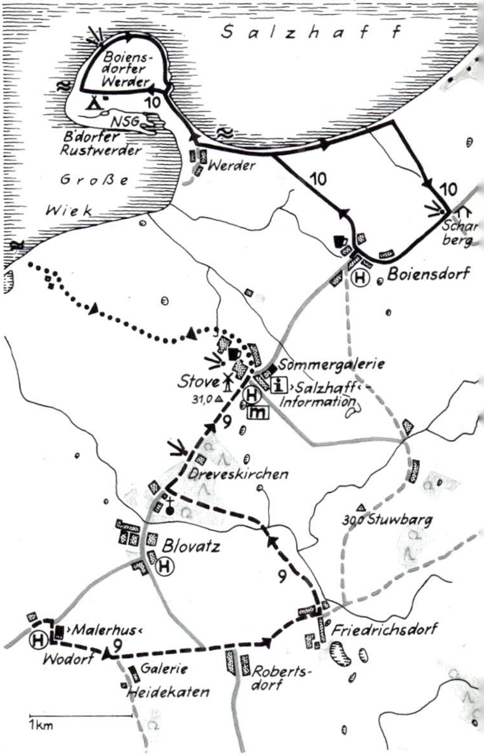


Im Spätherbst fallen auf den landwirtschaftlich intensiv genutzten Ackerfluren, die häufig Raps als Feldfrucht tragen, die Wildgänse ein und äsen hier in großen Trupps.
Die Große Wiek und die Flachwasserzonen des Breitlings vor der Insel Poel bieten den Tieren günstige Rast- und Übernachtungsplätze in der Nähe der Futterplätze. Gänse lieben offene Freiflächen der Landschaft mit weiter Rundumsicht. So kann ihnen „Meister Reinecke“ nicht gefährlich werden. Den Bauern mißfällt jedoch ein zahlenmäßig zu großer und zu häufiger Besuch dieser gefiederten Gäste.

Vogelscheuchenähnliche Figuren weisen den Weg zum Heidekaten

Tour 10

# Küstenwanderung zum Boiensdorfer Werder

**Anfahrt** zur Bushaltestelle Boiensdorf
🚌 Linien A 31 und A 46a von Wismar-Großschmiedestraße nach Boiensdorf bzw. Rerik
🚗 auf der Landstraße Wismar – Boiensdorf – Neubukow. P in Boiensdorf und auf dem Boiensdorfer Werder
🚲 Verleih in Stove. Alle Wege, außer dem Straßenabschnitt sind für Radtouren geeignet

**Wanderstrecke** und **Profil** von der Bushaltestelle im Dorf zum Werder asphaltierte Straße, auf dem Werder und am Strand Feldweg und Fußweg. Die Wanderstrecke beträgt etwa 9 km, höchste Erhebung ist der 54 m hohe Scharberg

**Orientierung** siehe Tourenkarte → S. 47, Faltblatt „NSG Insel Langenwerder" des Nordland Kartenverlags

**Rast** auf dem Boiensdorfer Werder und auf dem Scharberg

**Einkehr** in Boiensdorf: Imbiß „Zur Pumpe", Gaststätte „Zum Salzhaff"

---

Die Wanderung bietet einen Einblick in die „ertrunkene", eiszeitlich geformte Landschaft um das Salzhaff.

Von der Bushaltestelle in Boiensdorf kommend, biegt man an der Gaststätte links ein und gelangt nach 600 m an das **Salzhaff**. Das boddenartige Gewässer erstreckt sich vom Kieler Ort, dem flachen südlichen Ausläufer der Halbinsel Wustrow, und dem Boiensdorfer Werder 10 km nach Nordosten bis Rerik, dessen Kirchturm am Horizont zu sehen ist. Am flachen Strand mit Netzhütten, Liegeplätzen von Fischer- und Sportbooten (Surfgebiet) entlang wird der **Ortsteil Werder** mit der Lehr-, Forschungs- und Umweltstation, wo meeresbiologische Untersuchungen durchgeführt werden, erreicht. Dann führt der Weg über die schmale Landverbindung zum **Boiensdorfer Werder**. Links liegt das **Naturschutzgebiet „Boiensdorfer Rustwerder"** mit seinen Salzwiesen und Strandwällen. Es gehört zum Landschaftsschutzgebiet „Wismarbucht" zwischen Rerik und Wismar mit der Insel Poel.

Auf dem Werder mit seinem Wäldchen erreicht man das Gelände des **Cam-**

Blick vom Scharberg



pingplatzes „Möwe“ mit vielfältigen Angeboten. Am Gelände vorbei, gelangt man an den Strand, der vorwiegend steinig ist. Nach rechts kann man am Strand entlang um die Halbinsel herum zurück zur Straße gehen. Auf der etwa 8 m hohen Steilküste wurde ein Schutzwaldstreifen angelegt, der den Acker vor Winderosion schützen soll.

Folgt man ab dem Fischergelände dem Strand an der niedrigen Steilküste entlang, dann kann man, an dem nächsten Gehöft rechts abbiegend, auf einem Feldweg über die Strecke von 1 km zum 54 m hohen **Scharberg** emporsteigen. Vom kleinen Rastplatz an der Küstenstraße Wismar – Rerik / Neubukow bietet sich ein herrlicher **Rundblick**. Rechts schaut der Reriker Kirchturm über das Salzhaff, das von der bewaldeten Halbinsel Wustrow mit der Nehrung Kieler Ort an ihrem Südende und dem Boiensdorfer Werder eingerahmt wird. Links sind die Vogelschutzinsel Langenwerder und die Insel Poel zu sehen. Bei klarer Sicht sind auf der Ostsee häufig die von Travemünde verkehrenden Fährschiffe und die Küste Schleswig-Holsteins am Horizont zu beobachten. Von hier aus geht man die abfallende Straße entlang nach Boiensdorf zurück, das man nach etwa 1 km erreicht.

**Kulturgeschichte** Boiensdorf (früher auch Bodenstorp, Boydenstorp) ist ein altes Bauern- und Fischerdorf. Im Ort gibt es mehrere rohrgedeckte Hallenhäuser aus dem 18. Jahrhundert mit vertiefter Dieleneinfahrt und Halbwalmdach.

**Erdgeschichte** Boiensdorf liegt im **Grundmoränengebiet** der letzten Eiszeit hinter der Rückzugseisrandlage der **Rosenthaler Staffel** (Scharberg). Zur Küste hin gibt es vermoorte Täler mit Bächen, die nur noch wenig Wasser führen.

An der Südküste des Boiensdorfer Werders entstand nach der **Litorina-Transgression**, durch die vor etwa 6000 Jahren die Grundmoränenlandschaft überflutet wurde, ein System von fächerartig angeordneten Strandwällen. Es wurde aufgebaut aus dem Sand, der von den abgebrochenen Steilküsten stammend, mit der Strandversetzung durch Wind und Wellen herangebracht und abgelagert wurde. Die Senken zwischen den Wällen verlandeten und wurden zu marschähnlichen Salzwiesen. Das gesamte Küstengebiet hier ist eine ertrunkene Landschaft, aus der die höher gelegenen Moränen als Inseln und Halbinseln herausragen.

**Pflanzenwelt** Das Salzgrünland des Boiensdorfer Rustwerders gehört zu den bedeutendsten an der Ostseeküste: Löffelkrautarten, Strandflieder, Strandaster, Salzmelde, Salzmiere, Meerstrand-Dreizack, Strand-Salzschwaden, Queller, Strandwegerich, Salzmilchkraut, Salz-Binse, Strand-Wermut, Meersenf und andere Arten, die für salzwasserbeeinflußte Küstenstandorte typisch sind, kommen vor.

**Tierleben** Die Landschaft rund um das Salzhaff ist ein bedeutendes Brut-, Rast- und Überwinterungsgebiet sehr vieler und zum Teil selten gewordener Wasservogelarten (Säbelschnäbler, Rotschenkel, Austernfischer, Säger, Taucherarten, viele Entenarten, Gänse, Schwäne, Seeschwalben und viele andere).

Tour 11

# Ostseebad Rerik und das Salzhaff mit Neubukow

---

**Anfahrt** nach Rerik
Bahnhöfe Neubukow oder Kröpelin, dann weiter mit dem Bus
von Neubukow, Kröpelin oder Wismar
von Wismar oder Poel auf der Küstenstraße über Groß- und Klein-Strömkendorf zum **P** am östlichen Stadteingang von Rerik an der Kreuzung Kröpeliner / Friedensstraße.
Von der B 105 ab Neubukow fährt man über Spriehusen / Roggow oder Zweedorf/Westhof/Garvsmühlen nach Rerik ebenfalls zum P am östlichen Stadtrand

**Wanderstrecke** und **Profil** etwa 3,5 km / 2 Stunden bei leichten Steigungen

**Orientierung** Im Ort benutzt man die auffällige Kirche zur Orientierung. Über die Wanderungen im Reriker Umland orientiert die Tourenkarte S. 55. Eventuell nützliche Informationen bieten in Rerik und Stove die „Salzhaff-Informationen"

**Rast** Seebrücke Rerik, Aussichtspavillon auf dem Schmiedeberg und an der Salzhaffpromenade

**Einkehr** Gaststätten und Cafés in Rerik

---

Ursprünglich **Alt Gaarz** genannt, wurde 1938 der Ort im Zuge militärischer Aufrüstung und der Verleihung des Stadtrechtes in **Rerik** umbenannt. Man glaubte damals, daß die Funde römischer Münzen in der Wallanlage auf dem Schmiedeberg darauf hinwiesen, daß Alt Gaarz mit dem frühmittelalterlichen Handelsplatz **Reric** identisch wäre, von dem schon Ptolomäus berichtete. Tatsächlich hatten die Dänen dieses Reric 808 zerstört, aber in der Überlieferung ist nur diese Tatsache, nicht jedoch die exakte Lage des alten Handelsplatzes überliefert. Wie dem auch sei, vielleicht besteht der Name tatsächlich zu Recht und setzt die alte Tradition am richtigen Platze fort. Zu den Attraktionen Reriks gehört die **frühgotische Backsteinkirche** aus dem 13. Jahrhundert. Ihre ungewöhnlich reiche, später eingebrachte barocke Ausmalung (von 1668) und Ausstattung steht in seltsamen Gegensatz zur schlichten, aber harmonischen und charaktervollen Gestalt des weithin sichtbaren Bauwerks. Die Kirche soll einer Sage nach von der dänischen **Königin Margaretha** gestiftet worden sein, weil sie Reriker Fischer im Sturm vor dem Tode gerettet hatten. Es ergeben sich damit Parallelen zum Rostocker Katharinenkloster, das der gleichen Situation – Errettung einer dänischen Königin aus Seenot – seine Entstehung verdankt, aber nur in Rostock sind im Katharinenkloster Not und Dank in einem großen Gemälde überliefert.

Zum Salzhaff sind mehrere **rohrgedeckte niederdeutsche Bauernhäuser** im Ensemble der Kirche vorgelagert. Sie vermitteln einen Eindruck vom früher typischen Bild mecklenburgischer Kleinstädte und Fischerdörfer.

Der Dünenstraße folgend, gelangt man zum **Schmiedeberg** und steigt zum **Aussichtspavillon** empor. Die Erhebung ist der Rest eines slawischen Burgwalls, der durch die Sturmflut im November 1872 stark abgetragen wurde. Von hier sieht man weit über das Salzhaff und die See. Die **Halbinsel Wustrow** als Landzunge zwischen Haff und Ostsee ist immer noch gesperrt. Sie hat eine unrühmliche militärische Vergangenheit mehrerer, allesamt glücklos untergegangener Armeen und wartet auf eine freundlichere Zukunft als Badestrand. Am Horizont ist im Südwesten der Landstrich um Klütz, darüber die Lübecker Bucht und im Nordwesten Fehmarn zu erkennen.

Neben dem Schmiedeberg wurde 1991 ein 170 m langer **Seesteg** gebaut, von dem sich ein schöner Blick auf den Strand und die Steilküste bis zum **Elefantenstein** bietet.

Auch das **Heimatmuseum** in der Straße **Am Haff** erwartet neugierige Gäste. Zuvor steht die originelle Plastik eines Fischers. Eine Besichtigung der reichhaltigen Ausstellungen zur Geschichte des Ortes Alt Gaarz / Rerik und seiner Umgebung, seiner Besiedlung, zur Fischerei und zu den Lebensverhältnissen der Einwohner ist zu empfehlen.

**Kulturgeschichte** Das Gebiet um Rerik ist uraltes Siedlungsgebiet. Zahlreiche **Großsteingräber** aus der Jungsteinzeit und die Hügelgräber aus der Bronzezeit sind Zeugen dafür. Erst kürzlich wurden an der Kröpeliner Straße Reste eines bronzezeitlichen Hauses mit wertvollen Funden freigelegt und bei Blengow Funde aus der Eisenzeit gemacht (Ausstellungsstücke im Heimatmuseum Rerik und in Schwerin).

Der Rest des **Burgwalls Schmiedeberg** deutet auf die Bedeutung Reriks für die slawischen Obotriten hin. Seine Lage zwischen der Ostsee und dem Salzhaff mit der günstigen Hafensituation führte in der Vergangenheit zu der bereits geäußerten Vermutung, hier könnte der 808 durch die Dänen zerstörte Handelsplatz Reric gelegen haben. So wurde 1938 das Dorf Alt Gaarz (von slaw. gradu = Burg) bei der Verleihung des Stadtrechts in Rerik umbenannt. Heute vermutet man das alte Reric weiter südlich bei Groß Strömkendorf.

Markantestes Bauwerk des alten Bauern-, Seefahrer- und Fischerdorfes ist die hochragende **Kirche** im Baustil der Backsteingotik. Sie ist eines der besten Beispiele des frühgotischen Kirchen-

Hünengrab bei Rerik

baus im Küstengebiet aus der Zeit nach 1250 mit einer **sehr sehenswerten Ausstattung**. Unter der barocken Ausmalung wurden zum Teil bildliche Darstellungen aus der Zeit um 1300 freigelegt.

**Erdgeschichte** Das Gebiet liegt im Hinterland der Hauptendmoränen des Pommerschen Stadiums der Weichsel-Kaltzeit (Stauchendmoränen der Kühlung bis 130 m Höhe, Satzendmoränen südlich davon). Die zugehörige ältere Grundmoräne erstreckt sich bis zu den Endmoränen der Rosenthaler Staffel (Höhen östlich des Salzhaffs, bis 55 m), die durch einen relativ kurzfristigen Eisvorstoß, der schnell an Wirksamkeit verlor, entstanden. Durch abfließende Schmelzwasser wurden Sandflächen aufgeschüttet. Das etwa 2 km lange Os (dammartiger Wallberg) der Zweedorfer Kiesberge (südlich Blengow – Voßberg) entstand aus Ablagerungen von Schmelzwässern in einer Gletscherspalte. Der Hellbach entspringt in der Hauptendmoräne östlich von Neubukow und fließt in einer Schmelzwasserabflußrinne. Er hat von Neubukow nach Nordosten ein relativ breites Tal ausgeräumt, das von feuchten Wiesen eingenommen wird. Der Verlauf der Ostküste des Salzhaffs spiegelt den girlandenförmigen Verlauf des Gletscherrandes wider. Die tiefer liegenden Moränen wurden während der Litorina-Transgression von vor 7000 bis etwa vor 4000 Jahren überflutet. Der bis zu 20 m hohe Kern der Halbinsel Wustrow blieb als Insel stehen und wurde dann durch Ablagerung von Sand, der von Strömungen und Wellen transportiert wurde, mit dem Festland verbunden. An seinem südlichen Ende wuchs die über 4 km lange schmale Nehrung des Kieler Ortes durch die Strandversetzung als Folge des Wirkens von Wind, Wellen und Strömungen. Ihre so besonders bei Stürmen mit Hochwasser aufgebauten Strandwälle erreichen Höhen bis 3 m. In der Gegenwart befindet sich das Seegebiet der Wismarbucht in Senkung, die etwa 1 mm/Jahr ausmacht. Dadurch werden besonders bei Stürmen mit Hochwasser an den Außenküsten Abtragungsvorgänge begünstigt.

**Pflanzenwelt** Typische Pflanzen der Salz- und Feuchtwiesen sowie der lehmigen und sandigen Böden der Grundmoränen kommen in großer Vielfalt vor. Im Mündungsbereich des Hellbaches wachsen Teich- und Seerosen. Das Wandergebiet gehört zum geplanten Landschaftsschutzgebiet „Küstenlandschaft Wismarbucht" als Feuchtgebiet von internationaler Bedeutung → Tour 10.

**Tierleben** Im Küsten- und Strandbereich halten sich typische Vertreter der Vogelwelt der Ostsee und Nordeuropas besonders zahlreich zu den Zugzeiten und im Winter auf → Touren 12 und 15.

**Anschluß- und Erweiterungstouren**
Die interessante, kaum berührte Landschaft von Rerik am Salzhaff strahlt immer noch Ruhe und Harmonie aus. Als uraltes Siedlungsgebiet vergangener Menschengeschlechter finden sich um Rerik auffällig viele Hünen- und Hügelgräber aus der Jungstein- und Bronzezeit. Es lohnt sich, auf dem Wege von Wismar nach Rerik hier und dort anzuhalten, aus-

Der Schmiedeberg – Rest des alten Burgwalls Rerik

zusteigen und in kurzen Wanderungen die schönsten Stellen kennenzulernen:

Tour 11a

### Wanderung am Salzhaff vom Maler-Atelier bis Pepelow

Anfahrt nach Klein Strömkendorf nach Tourenkarte → S. 55. Hier ist zunächst ein Besuch im Maler-„Atelier am Salzhaff" möglich. Gegenüber der Dorfstraße führt ein mit blauem Strich auf weißem Grund markierter Wanderweg zum etwa 1 km entfernten Gelände des Familien- und Campingdorfes e. V., dem **Campingplatz Am Salzhaff** und einer Feriensiedlung an einem gut für Kinder geeigneten flachen Badestrand. Von dort geht es weiter auf dem markierten Wanderweg bis **Pepelow**, dem nächsten Ort. Am Ortseingang sind mehrere rohrgedeckte niederdeutsche Bauernhäuser im Ensemble zu sehen.

Tour 11 b

### Durch die Wiesenlandschaft zwischen Pepelow und Teßmannsdorf

Wer von Pepelow eine Fuß- oder Radwanderung beginnen möchte, kann am südlichen Ortseingang von der Straße links abbiegend, der blau-weißen Markierung weiterfolgen und gelangt durch die offene Wiesenlandschaft nach **Teßmannsdorf**. Dabei fallen rechts die Windkraftanlagen auf. In Teßmannsdorf muß man nach links abbiegen und gelangt dann durch den Wald zum Zeltplatz und zum **Badestrand**. → Tourenkarte S. 55.

Tour 11 c

### Zum Rastplatz am Hellbach

Der eilige PKW-Wanderer besucht wenigstens den Park- und Rastplatz am Hellbach. Hier findet sich an der Brücke eine Tafel mit der Empfehlung einer Rundwanderung durch die Wiesen und Weiden am Salzhaff. → Tourenkarte S. 55.

Tour 11 d

### Eigenerkundung auf fast wegloser Tour zum Salzhaff

Bei der Weiterfahrt nach Rerik wird schon bald Roggow (alter slawischer Burgwall) erreicht. Hier läßt sich auf einem Feld- und Wiesenweg in Richtung Salzhaff ein Abstecher unternehmen, der in eine Erkundung der Salzwiesenflora ausarten kann, wenn Naturfreunde das Artenspektrum dieser immer küstennahen Wiesen und Ufersäume kennenlernen wollen. → Tourenkarte S. 55.

Tour 11 e

### Zu den Großsteingräbern in der Umgebung Reriks

Möchte man einige der sehenswerten, gut erhaltenen, rekonstruierten und gepflegten **Großsteingräber**, die für diese Gegend so typisch sind, besichtigen, dann kann man das auf zwei Wegen tun. Vom Parkplatz Rerik aus geht man die alleeartige Landstraße nach Kröpelin bis zur Bushaltestelle Friedhof entlang. Dort steht ein Wegweiser zu den etwa 100 m von der Straße im Feld stehenden zwei großen Steingräbern. Neben beiden stehen Tafeln mit ausführlichen Erläuterungen. Man kann aber auch direkt vom Heimatmuseum aus nach rechts über die John-Brinckmann-Straße, entlang der Wiesen am Salzhaff bis Gaarzer Hof gehen (vom Ortsausgang etwa 700 m), biegt dort links ab und folgt etwa 800 m einem Feldweg bis zur Kröpeliner Landstraße und auf ihr wie oben zur Bushaltestelle Friedhof. Der Rückweg führt dann über die Landstraße nach Rerik. → Karte S. 55.

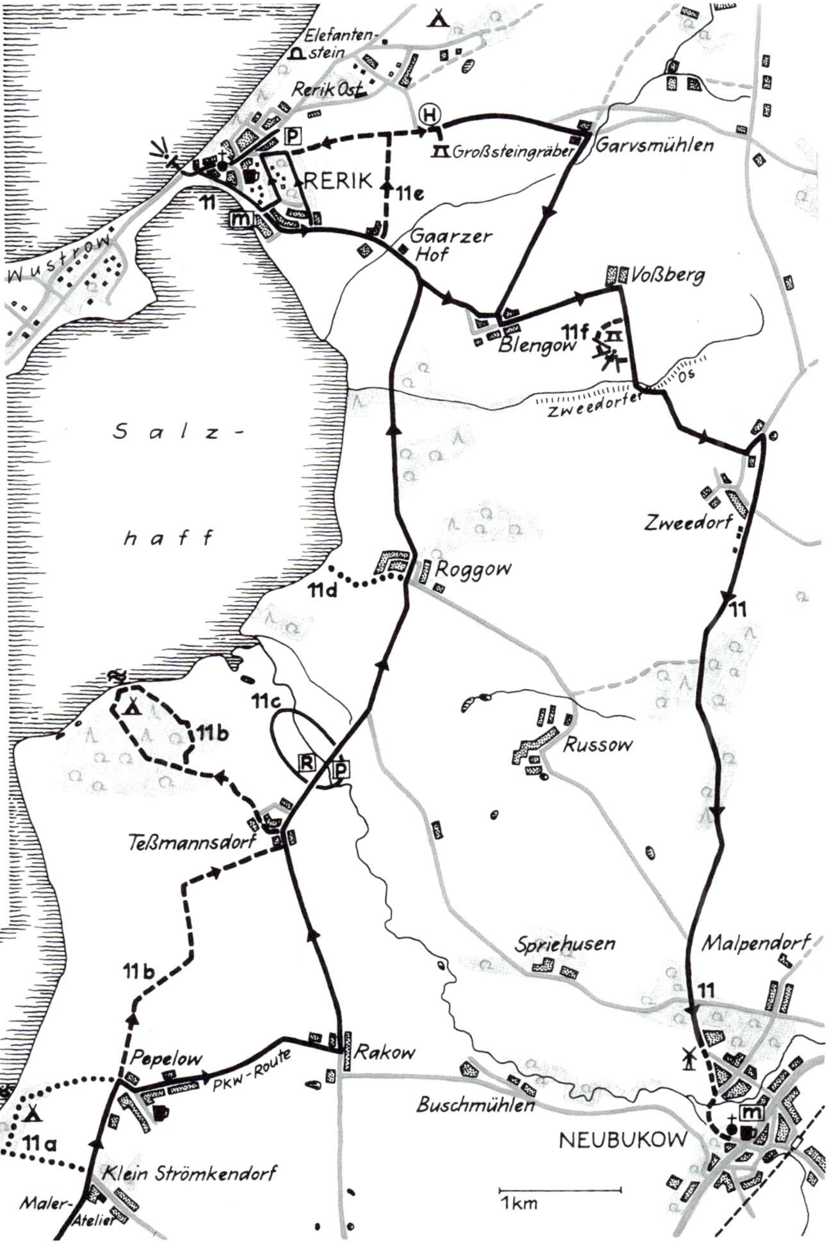
Elefanten-
stein
Rerik Ost
H
P
Großsteingräber
Garvsmühlen
RERIK
11
11e
m
Wustrow
Gaarzer
Hof
Voßberg
11f
Blengow
Os
Zweedorfer
Salz-
haff
Zweedorf
Roggow
11d
11
11c
11b
R
P
Russow
Teßmannsdorf
11b
Spriehusen
Malpendorf
11
Pepelow
Pkw-Route
Rakow
Buschmühlen
m
NEUBUKOW
11a
Klein Strömkendorf
Maler-
Atelier
1km

**Ein Abstecher nach Neubukow**

Empfehlenswert ist ein **Abstecher von Rerik nach Neubukow**, dem Geburtsort des berühmten Troja-Entdeckers Heinrich Schliemann. Man kann ihn mit dem PKW, dem Rad oder auch zu Fuß unternehmen. Die Entfernung von Rerik beträgt etwa 9 km. Von Rerik aus benutzt man mit dem PKW die Straße in südlicher Richtung nach Neubukow und biegt von ihr etwa 500 m hinter Gaarzer Hof nach links in Richtung **Blengow** ab. In Blengow hält man sich links, kommt auf einen befestigten Alleeweg und fährt auf ihm bis **Voßberg** (etwa 1 km). Am Dorf biegt man rechts in den Feldweg ein und nach etwa 500 m steht rechts, etwas versteckt in einer Hecke ein Wegweiser zum nahen **Großsteingrab auf dem Flöhbarg** (27 m). Ein schöner Blick in die Landschaft bietet sich dar. Auf dem ersten Stein der Reihe sind bei genauer Betrachtung mehrere eingekratzte Radkreuze erkennbar.

Folgt man dem Weg weiter nach Süden in Richtung **Zweedorf**, so gelangt man kurz hinter einem kleinen Bach zu einem sich mehrere Kilometer rechts und links in die flache Landschaft hinziehenden **Os**, einem **dammartigen Wallberg**, der zum Teil in mehreren Kiesgruben angeschnitten ist. Weiterfahrend erreicht man in Zweedorf die Straße Kühlungsborn – Neubukow, auf die man nach rechts einbiegt.

In **Neubukow** ist neben dem **Pfarrhaus** an der sehenswerten Kirche, in dem 1822 der Entdecker Trojas, Heinrich Schliemann geboren wurde (Gedenktafel), eine **Gedenkstätte mit Ausstellung für den Ausgräber Trojas und Mykenes** zu besichtigen. Außerdem ist die arbeitsfähige **Galerie-Holländer-Windmühle** (Gaststätte) für einen Besuch zu empfehlen. In der Wismarschen Straße liegt der 1979 neu gestaltete Jüdische Friedhof → Tourenkarte S. 55.

# Die Insel Poel

Die Wallanlagen um die Inselkirche

Die längste Zeit ihrer Existenz war Poel eine wirkliche Insel, aber so wie der flache Grund zwischen dem Festland und der Insel durch Fahrdämme erhöht und mit einer immer festeren und stabileren Brücke verbunden wurde, rückte Poel näher an Wismar und an Deutschland heran.

Tatsächlich sagte man während der Zeit der Schwedischen Herrschaft bis 1803 zu Besuchern und Inselgästen **Dei kamen ut Dütschland**. Damals war Poel eine Welt für sich, und selbst wenn das lange her ist, hat die Insel ihre eigene Geschichte und vor allem ihr eigenes Gesicht behalten.

Das beginnt mit der Poeler Kirche, dem ältesten Schifferzeichen der Insel. Es setzt sich fort mit der flachwelligen, fast vollständig vom Wald entblößten Ackerfläche. Die Grundmoräne besteht auf Poel aus fruchtbarem und vor allem kalkreichem Boden, der sich zu allererst zum Ackerbau eignet. So ist Poel auch eine windige Insel. Dem Ansturm der Wogen trotzend, sind ihre West- und Nordfront zum meterhohen Kliff begradigt und gerundet, während die windabgewandte Ostseite mit zerrissenen Ufern dem Breitling Wiesen und Weiden zuwendet, die im Uferstreifen teils noch die schönsten Salzwiesen tragen. Wer aber den mühseligen Weg dahin scheut, wird schon am Poeler Damm beiderseits der Dammbrücke mit der Flora der Salzwiesen überrascht, wenn er nur Augen hat, die seltsame Pracht verhaltener und ungewohnter Blüten und Farben zu erkennen. Zur Brutzeit im Mai und Juni versammelt sich auf dem vorgelagerten Langenwerder, auf Deutschlands ältestem Vogelschutzgebiet, eine bunte Welt von Wasser- und Watvögeln und verlangt geradezu danach, vom Gollwitzer Hochufer betrachtet zu werden. Nach Westen hin erstrecken sich dann bis zum Hafen Timmendorf und noch ein Stück darüber hinaus die Badestrände der Insel für das noch buntere Völkchen der Poeler Sommer- und Badegäste.

Die Insel ist nicht allzugroß. 37 km$^2$ werden von einer nur kurzen Uferlinie umfaßt, die man an einem Tage bequem erkunden kann. Da sich zudem rings um Poel alle nur möglichen Nahrungsgründe für ebenso viele gefiederte Wintergäste anbieten, wird die Insel von Naturfreunden und Ornithologen auch im Winterhalbjahr gern aufgesucht. Schon an der Dammbrücke konzentrieren sich die ersten Säger, Enten und Schwäne. Gänse fallen auf den Fluren ein, Bussarde und Rehe sind zu sehen, Schwäne äsen in Ufernähe auf den Wintersaaten. Ringsum gilt es, am Strand immer neue Überwinterer von Gänsesäger über Eiderente bis Singschwan zu beobachten. So ist Poel zu allen Jahreszeiten eine Reise wert, gleichgültig, ob man mit dem Schiff von Wismar via Kirchdorf anreist oder mit dem PKW sein Urlaubsquartier auf direktem Wege aufsucht.

Tour 12

# Am Gollwitzer Ufer unterwegs zu Meeresvogelbeobachtungen vor dem NSG Langenwerder

---

**Anfahrt**

🚌 Linie A 46 von Wismar / Großschmiedestraße bis Gollwitz

🚗 Landstraße von Fährdorf / Poel bis **P** am Ortseingang Gollwitz

🚲 Rad- und Wanderwege nach Gollwitz:

1. Vom Schwarzen Busch/Poel entweder auf dem Fahrweg durch den Küstenschutzwald auf der Steilküste oder zu Fuß am Strand entlang

2. Von Kaltenhof/Schmiede am alten Futtersilo vorbei auf Feldweg
3. Von Kirchdorf aus kommend, biegt man von der nach Vorwerk führenden Asphaltstraße kurz hinter dem Wassergraben nach links auf den alten Gollwitzer Kirchweg und folgt ihm immer geradeaus
Wegstrecken immer etwa 4 km

**Wanderstrecke** und **Profil** führt durch ebenes Gelände über Feldwege, Länge etwa 4 km, bei Erweiterung etwa 7 km und etwas beschwerliche Feldwanderung

**Orientierung** → Tourenkarte S. 62, Informationstafeln auf dem Markt in Kirchdorf/Poel, Fremdenverkehrsamt Insel Poel in Kirchdorf bietet Inselkarten und ein Faltblatt des Umweltministeriums M-V/Nordland Verlag: „NSG Insel Langenwerder" an

**Rast** auf den Aussichtsstellen der Steilküste: Achtung! Wegen Abbruchgefahr nie dicht an den Abbruchrand treten!

**Einkehr** in Gollwitz im Insel-Snack am Dorfteich und im Imbiß am Leuchtfeuer

---

Wo der Weg vom Dorfteich in Gollwitz auf den Strand trifft, steht eine Informationstafel. Hier kann man sich über das **älteste mecklenburgische Seevogelschutzgebiet Insel Langenwerder** informieren. Seit 1912 wurden auf der seit 1924 unter gesetzmäßigem Schutz stehenden Insel Schutzmaßnahmen praktiziert. Eine Besichtigung ist in der Brutzeit April bis Mitte Juli nicht gestattet. Sonst sind Führungen möglich, wenn man sich rechtzeitig mit triftigen Gründen an die Universität Rostock, Fachbereich Biologie, wendet.
Wer mit Hilfe eines guten Fernglases das Leben auf der Insel beobachten möchte, der sollte den vom Weg nach Gollwitz in den Küstenschutzwald hineinführenden Fahrplatten folgen. Nach etwa 300 m kommt man an eine freie Stelle auf dem Hochufer. Von dort hat man einen guten Überblick über die Insel und die vorgelagerten Sandbänke. Auf der Insel stehen zwei Hütten für die dort tätigen Wissenschaftler. Folgt man dem Weg weiter, so gelangt man an die Bootsstelle der Gollwitzer Fischer und an den Koppelzaun, der die Salzwiesen begrenzt. Hier weist ein Schild auf das Verbot des Betretens der Wiesen während der Brut- und Vegetationszeit hin. Diese Landschaft mit ihren fossilen Strandwallsystemen und Verlandungssenken zieht sich nach Süden bis zur Vorwerker Bäk mit ihren Schilf-, Binsen- und Rohrbeständen hin.
Wer den beschwerlichen Weg nicht scheut, der kann am Koppelzaun entlanggehen und trifft dann auf einen Feldweg, der nach rechts auf die Straße Vorwerk – Gollwitz führt, nach links kommt man in das Dorf Vorwerk (Bushaltestelle). In der anderen Richtung kann man von der Informationstafel am Strand entlang bis zum **Leuchtfeuer** wandern. Dabei lassen sich auch im Sommer, besonders aber zur Zug- und Rastzeit, viele interessante Vogelbeobachtungen machen. Etwas hinter dem Leuchtfeuer kann man bequem auf das flache Steilufer aufsteigen, trifft auf den Imbiß „Am Leuchtturm" und kann den Weg am Zaun des Leuchtfeuergeländes entlang in den Küstenschutzwald oder auch auf dem asphaltierten Weg nach Gollwitz zurückgehen. In die entgegengesetzte Richtung führt der Wanderweg im Küstenschutzwald bis zum Strandbad Schwarzer Busch über etwa 3 km.

**Kulturgeschichte** Golwitz, neuerdings Gollwitz geschrieben, ist ein altes Bauerndorf, das dem Namen nach slawischen Ursprungs ist. Im Mittelalter schrieb man es Ferne Golvitze oder auch Ostergolvitze im Gegensatz zu dem westlicher in Richtung Kaltenhof gelegenen und im frühen 18. Jahrhundert untergegangenen Neger (= näher) Golvitze oder auch Westergolvitze. Wie auch in anderen Inseldörfern, zogen seit etwa der Mitte des vorigen Jahrhunderts einige Familien als Fischer ihren Lebensunterhalt aus der Küsten- und Boddenfischerei, die heute stark zurückgegangen ist. Die drei Bauernhufen des Dorfes wurden bis 1945 von zwei Betrieben bewirtschaftet. Einer davon wurde in der Bodenreform aufgesiedelt, der andere gehörte zum VEG Saatzucht Malchow. Für die Bodenreformsiedler entstanden die typischen Siedlungshäuser. In den siebziger Jahren verschwand die Landwirtschaft aus dem Dorfbild. Es trat ein Wandel zum Ferien- und Urlauberwesen ein – Reste des vorgesehenen Ausbaus stehen am Dorfeingang. Im Mittelalter spielte Gollwitz eine Rolle als sogenannter **Klipphafen**. Hier verluden adlige Grundbesitzer und die Fürsten unter Umgehung der Rechte der Hansestädte Lübeck, Wismar und Rostock Getreide. Das führte wiederholt zu bewaffneten Auseinandersetzungen. Auch die Likedeeler mit **Klaus Störtebecker**, dessen Anwesenheit in Wismar urkundlich belegt ist, sollen hier mit ihren Schiffen gelegen haben.

**Erdgeschichte** Eine flachwellige Grundmoränenlandschaft, die in der Nähe des Leuchtfeuers mit einem etwa 8 m hohem aktiven Kliff abbricht, bestimmt das Gebiet um Gollwitz. Stauchungen mit eingelagerten Tonen und Kiesen und zerrüttetem Geschiebemergel deuten auf Wirkungen des Gletschers während der letzten Eisbedeckung (Rosenthaler Staffel) hin. Die etwa 9 m hohe Steilküste gegenüber Langenwerder ist inaktiv, das heißt, sie ist von dichter Vegetation bedeckt. Durch die geschützte Lage kommt es hier nicht mehr zum Abbruch. Langenwerder besteht aus einem

Der Inselhafen Kirchdorf

System von in Nord-Süd-Richtung verlaufenden Strandwällen. Die Entwicklung der Insel begann, als die Litorina-Transgression (siehe Tour 13) den Höchststand der Überflutung erreicht hatte. Auf einem überfluteten Höhenrücken entstanden Sandbänke, die sich bei Sturmhochwasser zu Strandwällen über dem normalen Wasserstand entwickelten. Ihre größte Höhe beträgt 2,30 m. Die etwa 1 km lange und maximal etwa 500 m breite Insel wird im nördlichen Teil abgetragen. Im Südosten und besonders stark im Südwesten ist ein erheblicher Zuwachs durch die Sandbänke erkennbar. In der Schutzlage hinter dem nordöstlichen Vorsprung Poels lagerten sich entsprechend den vorherrschenden Wind- und Strömungsverhältnissen in die **Gewässer der Gollwitz und der Zaufe** hinein die **Strandwallsysteme des Gollwitz-Vorwerker-Hakens mit dazwischen liegenden marschähnlichen Verlandungsflächen** ab.

**Pflanzenwelt** Man findet auf dem Strand eine Vielfalt typischer Pflanzen je nach Standortausbildung, ebenso in den Salzwiesen. Es kommen vor: Meersenf, Kali-Salzkraut, Strand-Salzmiere, Stranddistel, Queller, Meerstrandmilchkraut, Grasnelke, Strandaster und viele andere (→ Tour 10).

**Tierleben** Wichtigste Brutvögel auf dem Langenwerder sind Sturmmöwen, Silbermöwen, Lachmöwen, Küstensee-, Flußsee-, Zwergsee- und Brandseeschwalben, Austernfischer, Sandregenpfeifer, Rotschenkel, Mittelsäger, Entenarten, Brandgänse und Höckerschwäne. In der Poeler Steilküste findet man Brutröhren der Uferschwalben. Am Hochufer sind Dachs und Fuchs zu Hause, im Schutzwald und im Feld Rehe, Wildschweine, Hasen, Rebhühner, Fasane und viele andere Tierarten.

Tour 13

# Eine Seereise über die Wismarbucht nach Kirchdorf und zum Schwarzen Busch

**Anfahrt** mit dem Schiff von Wismar/Alter Hafen nach Kirchdorf oder Timmendorf auf Poel. Abfahrtszeiten an den Anlegestellen oder bei Clermont-Reederei Fahrgastschiffahrt in 23999 Gollwitz/Insel Poel, Tel. 03 84 25/2 06 89. Fahrzeit 1 Stunde.
🚌 Linie A 46 von Wismar/Großschmeidestraße nach Kirchdorf
🚗 Landstraße Wismar – Groß Strömkendorf – Poeler Damm – Kirchdorf (14 km) zum **P** am Schwarzen Busch

**Wanderstrecke** und **Profil** Rundgang in Kirchdorf und Weg zum Ortsteil Schwarzer Busch etwa 4 km durch ebene Landschaft. Der Fußweg von Kirchdorf zum Strand am Schwarzen Busch verläuft in einer Lindenallee neben der Landstraße. Am Schwarzen Busch liegt 300 m vom Strand entfernt ein bewachter Parkplatz. Die Strandwanderung am Schwarzen Busch erstreckt sich über etwa 6 km auf dem Wanderweg an der Küste entlang.

**Orientierung** Informationstafel auf dem Markt in Kirchdorf. Karte des Wander- und Radwegenetzes der Insel ist im Fremdenverkehrsamt Wismarsche Straße 22, 23999 Kirchdorf/Poel (Tel. 03 84 25/2 03 47) zu erhalten. Fahrradverleih: Lange, Am Hafen; Runge am Weg zum Schwarzen Busch in Oertzenhof. → Tourenkarte

**Rast** auf den Kirch- und Schloßwällen

**Einkehr** in Kirchdorf in mehreren Imbiß-Einrichtungen und Gaststätten, ebenso in Oertzenhof und am Schwarzen Busch am Weg zum Strand. Mehrere Restaurants und Imbisse am Strand.

---

Bei Anreise mit dem Schiff führt der Kurs durch den Wismarer Hafen und an der MTW-Werft vorbei. Dabei werden auf dem Schiff sachkundige Erläuterungen durchgesagt. Zur linken Seite sind dann die Häuser des seit 1950 erbauten Stadtteils Wendorf zu sehen. Nach dem Passieren des Seglerhafens und des Seesteges vor dem Seebad Wendorf biegt das Schiff aus der Fahrrinne für die Seeschifffahrt nach Norden in die Wismarbucht ab. In der Ferne taucht voraus der Turm der Inselkirche in Kirchdorf als Richtpunkt für die weitere Fahrt auf. Links liegt die flache **Insel Walfisch** mit Leuchtfeuer. Ihren Namen hat sie seit 1627 (vorher Aderholm) wegen ihrer ursprünglichen Gestalt. Seit sie Ende der fünfziger Jahre durch Ausspülung von Baggergut aus der Fahrrinne wesentlich vergrößert wurde, konnten hier Küstenentwicklungsprozesse, Entwicklungsabläufe der Pflanzenbesiedlung und viele Arten von Seevögeln, die hierher zur Brut kommen, beobachtet werden. Die Insel ist Natur-

schutzgebiet. Seit dem Dreißigjährigen Krieg bis 1718 hatten die Schweden auf ihr eine Festung, im vorigen Jahrhundert wurde sie als Cholera-Quarantäne genutzt.

Abseits des Fahrwassers liegen einige Netzkäfige für die Forellenhaltung, die seit 1980 in weit größerem Umfang als jetzt noch betrieben wurde. Der zugehörige „Forellenhof" ist in Niendorf auf Poel an der Kirchsee.

Das Schiff folgt der durch Tonnen gekennzeichneten schmalen Fahrrinne in die **Kirchsee** hinein, die weit nach Norden Poel teilt. Es geht am schmalen **Brandenhusener Haken** entlang, der durch die Strandversetzung ständig weiter in die Kirchsee wächst. In der auf etwa 2,5 m Tiefe ausgebaggerten Fahrrinne nähert sich das Schiff **Kirchdorf**.

Kurz vor dem Hafen erheben sich links die Schloßwälle und das „Hornwerk" um die Kirche. Im Hafen liegen Fischerboote und besonders im Sommer viele einheimische und auswärtige Sportboote. Vom Anlegesteg wenden wir uns nach links und gehen an der Bootswerft vorbei. Vor dem Friedhofstor sind noch im Boden Fundamente und das Gewölbe des Torhauses der **Festung aus dem 17. Jahrhundert** (Modell im Heimatmuseum, Möwenweg) vorhanden. Die **Kirche** mit ihren romanischen und gotischen Formen stammt aus der Mitte des 13. Jahrhunderts, erweitert wurde sie im 15. Jahrhundert. Der 47 m hohe Turm ist von der Ostsee als Landmarke weithin sichtbar. Eine **Besichtigung des Inneren** ist empfehlenswert. Ein Aufstieg auf den **Wall** des die Kirche umgebenden **„Hornwerks"** bringt von den Ruhebänken aus einen schönen Blick auf den Hafen, die Kirchsee und das gegenüberliegende Niendorf. Vom Kirchhof mit seinen durch die Symbolik kenntlichen Fischer- und Seemannsgräbern geht man über zwei verschilfte Gräben und einen Zwischenwall in die **Schloßwälle**. Der Hügel im Inneren birgt die Reste des Schlosses. Beim Rundgang über die Wälle auf die fünf Bastionen, die fast 11 m hoch aufragen, hat man besonders von der Südbastion einen der schönsten Landschaftsblicke der Insel. Weit über die Kirchsee schweift der **Blick bis zu den Türmen Wismars**. Den Weg zurückgehend, führt die Tour durch den alten **Dorfkern**, über den Markt, der Wismarschen Straße folgend, am Friedhof und der alten Molkerei (Bäckerei) vorbei. An der Kreuzung biegt man links in die schöne **Lindenallee** und folgt ihr am Ortsteil Oertzenhof vorbei bis zum **Schwarzen Busch** (Parkplatz). Im Eichenhain befindet sich eine **Grabanlage mit Denkmal** für die Opfer des Untergangs der „Cap Arkona" und weiterer Schiffe am 3. Mai 1945 vor Neustadt/Holstein. An der 1994 eingeweihten **Kurklinik** zur Behandlung von Erkrankungen der Atmungsorgane bei Kindern vorbei, gelangt man zum Strand. Bereits 1910 begann hier der Badebetrieb, aber die Siedlung mit den Ferienhäusern hat sich seit den fünfziger Jahren entwickelt.

Rechts an der Steilküste entlang, gelangt man nach etwa 1 km zum **Blauen Stein**, der bei der Sturmflut im November 1872 aus der Abbruchwand freigelegt wurde. Geht man nach links entweder auf dem Strand an den Buhnen entlang oder auf der Strandpromenade bis zu den letzten Häusern, so kommt man nach etwa 800 m zum **Rethmoor**. Früher als Wiese genutzt, ist die verlandete und vermoorte ehemalige Meeresbucht jetzt eine Schilfbreite hinter der flachen Düne. Der Rückweg kann von der Bushaltestelle am Schwarzen Busch angetreten werden.

**Kulturgeschichte** 1555 gewinnen die Herzöge Mecklenburgs durch Säkularisierung des Besitzes des Domkapitels zu Lübeck die Grundherrschaft auf Poel zurück. Aber Brandenhusen, Wangern,

Weitendorf und Seedorf bleiben unter Verwaltung und Gerichtsbarkeit des Heiligen-Geist-Hospitals der Hansestadt Lübeck. **1648** kommen Stadt und Herrschaft Wismar mit den mecklenburgischen Dörfern Poels an Schweden und werden **1803** an den Herzog von Mecklenburg verpfändet. Auch die vier „Lübschen Dörfer“ kehren, u.a. gegen Abtretung der Halbinsel Priwall an Lübeck, ebenfalls zu Mecklenburg zurück. **1903** verzichtet Schweden auf die bis 2003 mögliche Einlösung – Poel gehört seitdem wieder zu Mecklenburg.

Kirchdorf (früher Tor Kercke) war ursprünglich wohl eine slawische Siedlung im Bereich des neuen Friedhofs. Ab 1227 erfolgte die Ansiedlung deutscher Bauern durch die mecklenburgischen Fürsten. Die Fischerei wurde um 1870 eigenständiger Berufszweig. Kirchdorf entwickelte sich zum Zentralort der Insel. Von der ersten, **um 1250 gebauten romanischen Kirche** blieben der Turm mit Ecklisenen und dem Ansatz des Kirchenschiffes erhalten. Im 14. Jahrhundert wurde ein längeres und höheres Kirchenschiff in gotischen Formen zum Teil auf den alten Fundamenten gebaut, dem Turm die Giebel und der Helm in Form der „Bischofsmütze“ aufgesetzt. Seine ursprüngliche Höhe ist bei genauerer Betrachtung am abgeschlagenen Rundbogenfries erkennbar. Das Innere birgt ein Triumphkreuz aus der Zeit um 1470, zwei prachtvolle spätgotische Flügelaltäre, sowie das als Votivschiff in dieser Größe an der Ostseeküste einmalige **Modell eines Zeesbootes** von einem Poeler Fischer im Jahr 1936 gebaut – ein Denkmal der Poeler Fischerei.

Die **Wallanlagen an der Kirchsee** sind die Reste eines befestigten Schlosses, das nach Plänen des aus Emden stammenden Gerth Evert Pilooth 1614 bis 1619 errichtet wurde (Übersichtstafel am Friedhofstor). Herzog Adolf Friedrich wollte sich hier einen Machtstützpunkt schaffen. 1627 wurde die Festung an die Truppen Wallensteins übergeben, wechselte im Dreißigjährigen Krieg häufig die Besatzung und zerfiel nach 1648, weil die nun herrschenden Schweden sie nicht brauchten. Um 1700 stürzte bei einem Sturm der schlanke hohe Turm ein.

Ziegel aus den Gebäuden finden sich heute in vielen alten Poeler Häusern.

Im **Heimatmuseum** (ehemalige Schule) ist ein Modell der Schloßanlage zu sehen, ebenso Ausstellungen zur Natur, Besiedlung, Lebensweise, Fischerei, Verkehr und Ortsentwicklung der Insel.

**Oertzenhof** hieß bis ins 18. Jahrhundert Schwartzenhof, vorher To den Haven, Up den Hoff, de Hove und war seit dem 13. Jahrhundert Bauerndorf, ab dem 18. Jahrhundert Amtshof/Meierei, dann Domäne und wurde 1945 aufgesiedelt.

**Erdgeschichte** Kirchdorf liegt in der Mitte der **flachwelligen Insel**, die durch die Kirchsee fast hufeisenförmig gestaltet ist. Höchste Erhebung ist nordwestlich von Kirchdorf mit 26 m der **Kickelberg**, im östlichen Inselteil gibt es Höhen bis 22 m. Die Grundmoränenplatte bricht im Westen mit einem bis zu 12 m hohen Kliff zur Ostsee ab. Die Oberflächengestaltung und die Strukturen des Untergrundes deuten darauf hin, daß die Kirchsee und die von ihr nach Norden verlaufende Senke Gebiet einer Gletscherzunge und Schmelzwasserlaufbahn waren. An der Nord- und Westküste deuten Stauchungen, Faltungen und Zerrüttungen in den im Kliff angeschnittenen, mehrfach übereinandergelagerten Grundmoränen auf Randlagen von Gletschern im Spätglazial hin, Sölle und abflußlose Senken dagegen auf Toteisbildung.

**Pflanzenwelt** Am Strand wurden die künstlich erhöhten Dünen mit Strandhafer und Sanddorn bepflanzt. Strandvegetation! Seit etwa 1960 wurde von Gollwitz im Nordosten bis „Gausurt" im Südwesten der Insel in mehreren Etappen ein Schutzwaldstreifen in 100 m Breite auf etwa 80 ha angelegt. Zunächst wurde in einer einige Meter betragenden Entfernung vom Kliffrand ein 25 m breiter Streifen mit Wildrosen, Sanddorn, Ölweiden und anderen schnellwachsenden und tiefwurzelnden Gebüschen bepflanzt, der besonders an der Westküste inzwischen völlig abgebrochen ist. Dann folgt ein Fahrweg und dahinter ein 75 m breiter Streifen mit schnellwüchsigen Laubbäumen. Die Hoffnung, daß der Abbruch und die Abtragung am Kliff durch die Bepflanzung vermindert würden, hat sich nicht erfüllt. Im Gegenteil, an den Geschiebemergelwänden des Kliffs ist zu beobachten, daß die meterlangen Wurzeln in den durch die morphologischen Vorgänge vorgegebenen Spalten entlangwachsen und durch ihren Druck den Abbruch begünstigen. Vorteilhaft wirkt sich der Waldstreifen auf das Kleinstklima aus, und die Windwirkung (Sandüberlastung) in den Ackerkulturen wurde verhindert.

**Tierleben** Die Waldstreifen und viele Gehölz- und Gebüschgruppen im Feld und an Söllen bieten zahlreichen Tieren Unterschlupf und Deckung (Rehe, Hasen, Rebhühner, Fasane, Dachse, Füchse), in den schilfbestandenen Brüchen hält sich Schwarzwild. Die Sölle bieten u. a. Lebensraum für Libellen, Schmetterlinge und viele Insekten. Manchmal kann man auch Kolkraben beobachten.



Muschelbank bei Flachwasser mit Tang und Meersalat

Tour 14

# Vom Timmendorfer Leuchtturm zum Faulen See

---

**Anfahrt**

🚌 Linie A 46 von Wismar/Großschmiedestraße – Timmendorf/Strand

🚗 Landstraße Wismar – Groß Strömkendorf – Kirchdorf – Timmendorf/Strand (bewachter Parkplatz)

🚲 Radwege führen nach Timmendorf/Strand von Kirchdorf über Seedorf bzw. Neuhof und vom Schwarzen Busch entlang der Küste

**Wanderstrecke** und **Profil** Fußweg am Strand entlang, teilweise steinig

14 a: auf dem Steilufer Wanderweg im und am Schutzwald, ebenes Gelände. Wanderstrecke von Timmendorf an der Westküste bis „Gausurt"/NSG Rustwerder und zurück: etwa 6 km

14 b: Wanderstrecke von Timmendorf nach Norden am Torfmoor und Schutzwald entlang zum Neuhofer Weg und zurück: etwa 3 km

**Rast** und **Einkehr** In Timmendorf/Strand am Parkplatz, am Hafen und Leuchtturm sowie am Campingplatz mehrere Gaststätten, Eiscafés und Imbißeinrichtungen

---

Vom Parkplatz und der Buswendeschleife in Timmendorf/Strand geht es am 1872 in Betrieb genommenen **Leuchtturm** vorbei zum Hafen. 1930/31 erhielt er seine heutige Gestalt. Das weiße Festfeuer in 21 m Höhe ist 16,5 Seemeilen weit sichtbar. Gegenüber steht der viereckige **Turm der Lotsenstation**. Der **Hafen** mit seinen Molen aus großen Findlingsblöcken entstand bis 1930. Seitdem bietet er den Fischerbooten, den Lotsenversetzbooten (Kennzeichnung: PILOT) und einem Seenotrettungskreuzer sichere Liegeplätze. Im Sommer legen auch Fahrgastschiffe an und viele Sportboote.

### Tour 14 a
### Steilküstenwanderung

Möchte man auf dem Strand vor der **Steilküste** wandern, so geht man von der Südmole durch den Schilfbestand unterhalb der Häuser entlang. Dabei sollte man auf den Wasserstand achten: ist er höher als normal, dann kommt man auf den ersten hundert Metern an der Steilküste nicht trockenen Fußes vorbei!

Das Kliff bietet einen eindrucksvollen Anblick des Abbruchs und der Abtragung. Der bequeme Weg beginnt vor der Gaststätte „Am Leuchtturm" und führt am alten Zollhaus vorbei, immer im Schutzwald bis zum Ende der Steilküste. Die Steilküste unmittelbar südlich Timmendorfs ist der **Bereich des stärksten Abbruchs** auf Poel. Er beträgt hier im langjährigen Mittel fast 1 m/Jahr. Er ist verstärkt worden, als durch den Bau der Molen eine Neerstromwirkung auftrat. Die Wirkung ist am Verlauf des Weges, der 1960 etwa 30 m von der Kliffkante entfernt war, eindrucksvoll zu erkennen. Am Ende der bis zu 12 m hohen Steilküste, an die man an den Aussichtspunkten **nicht zu dicht herangehen** sollte, da Abbruchgefahr besteht, schließt sich **Flachküste** mit steinigem Strand an. Hier ist der Schutzwald noch völlig erhalten. An seinem südlichen Ende ist **FKK- und Surfgebiet**. Den dort liegenden **Parkplatz** erreicht man von der Landstraße entweder ab Wangern oder über den in der scharfen Kurve im Dorf Timmendorf abbiegenden Feldweg. Der Koppelzaun begrenzt das 70 ha große **NSG Rustwerder** bis Hinter Wangern und Brandenhusen. Das Betreten ist streng verboten. Eine Erläuterungstafel steht am Parkplatz. Das Gebiet wurde wegen seiner Pflanzengesellschaften auf den geomorphologisch unterschiedlichen Formen der Nehrung vor dem Faulen See und der hier vorkommenden Vogelarten unter Schutz gestellt.

### Tour 14 b
### Dünenwanderung

Möchte man diese Wanderung, die die eindrucksvollsten **Steilküstenpartien** Poels mit vielen Faltungen, Stauchungen und Zerrüttungen in den unterschiedlichsten Bodenarten bietet, durch Eindrücke von **Dünenabschnitten** ergänzen, dann geht man von der Nordmole am Posten der Wasserschutzpolizei vorbei auf den breiten Sandstrand. Im Gegensatz zum verstärkten Abbruch südlich des Hafens ist hier seit dem Molenbau der **Strand um etwa 90 m** verbreitert worden und bietet die besten Bademöglichkeiten. Man kann auch am Lotsenturm vorbei auf dem asphaltierten Weg am Campingplatz entlanggehen und an verschiedenen Dünenübergängen auf den Strand gelangen. Nach etwa 1500 m entweder auf dem Strand oder im Schutzwald auf der Düne dem Wanderweg folgend, erreicht man den von **Neuhof** zum Strand führenden Weg. Wer Zeit und Muße hat, kann auf ihm über Neuhof das etwa 3,5 km entfernte Kirchdorf auf einem der landschaftlich schönsten Wege der Insel erreichen. Der Wanderweg führt geradeaus weiter im Schutzwald, an den Resten der Radar-Küstenbeobachtungsstelle vorbei, zum **Rethmoor** und weiter zum **Schwarzen Busch** (3,5 km). Für den **Rückweg** nach Timmendorf/Strand bietet sich der **Feldweg** an, der nach rechts vom Neuhofer Weg am Schutzwald entlang und dann am Rand des **Torfmoores** im Bogen zu einer Häusergruppe an der Straße und weiter rechts wieder zum Ausgangspunkt führt.

Wer eine Kremser- oder Kutschfahrt oder auch einen Ritt unternehmen möchte, der hat auf dem **Reiterhof Plath** im Dorf Timmendorf Gelegenheit dazu.

**Kulturgeschichte** Timmendorf/Strand ist auf der Schmettauschen Karte von 1788 noch nicht eingetragen. Vor 1871 stand hier eine 16 m hohe Spierenbake als Ansteuerungszeichen. Der Ortsteil entstand dann als Ansiedlung von Lotsen und Fischern. Mit der Entwicklung des Fremdenverkehrs seit der zweiten Hälfte des 19. Jahrhunderts auf Poel, begann auch Timmendorf daran teilzunehmen. Die Ferienhaussiedlung entstand aus bescheidenen Anfängen seit 1960, ebenso wie der Campingplatz, wo in der Vergangenheit maximal 2000 Urlauber Platz fanden. Das Dorf Timmendorf ist eine **deutsche Siedlung aus der ersten Hälfte des 13. Jahrhunderts**, als im Auftrage der mecklenburgischen Fürsten von **Locatoren (Ortsgründern)** Bauern aus Westfalen und Niedersachsen angesiedelt wurden. Im 16. Jahrhundert gab es 5 Bauernstellen. 1945 existierten drei Wirtschaften, von denen zwei, die über 100 ha groß waren, enteignet und aufgesiedelt wurden an 41 Familien, davon 28 aus Ostgebieten vertriebene.

**Erdgeschichte** Das Wandergebiet läßt umfassende Einblicke in die Dynamik der Küstenentwicklung über 5000 Jahre zu. Die **Steilküste** südlich Timmendorfs zeigt bis vier verschiedene **Grundmoränenschichten**. Durch Schub und Druck der spätglazialen Gletscher entstanden **Zerrüttungen** im damals fest gefrorenen Geschiebemergel, sowie Fugen und Spalten. Eindrucksvoll sind die **vielgestaltigen Faltungen** mit Ton, Mergel, Lehm, Kies und feinem Sand (Schluff). Geschiebeblöcke stecken im Kliff oder sind mit dem Abbruch aus ihm herausgestürzt. Besonders fällt ein großer roter, gespaltener Granitblock im Wasser auf. 1958 lag er etwa 10 m von der Kliffwand noch auf dem Strand. Eingepreßte Kieslager werden bei Sturmhochwasser ausgespült – es entstehen Kliffhöhlen, die

Steilküste bei Timmendorf

manchmal über 10 m weit in die Wand hineinreichen. **Vor ihrem Betreten sei dringend gewarnt – es besteht Einsturzgefahr!** Ebenso soll man **nie auf der Steilküste zu dicht an die Kante treten**, sie ist oft überhängend und könnte abbrechen. Auch das Klettern an der Wand soll unterlassen werden. Eine Faustregel besagt, daß die Urlauber einer Saison an den Küsten den Schaden eines mittleren Sturmhochwassers anrichten!

Die Gesteinsschichten werden besonders unter den Witterungsbedingungen des Winters und Frühjahrs (Frostsprengung, Rutschung bei Tauwetter) abgebrochen. Bei Sturmhochwasser räumen die Wellen die vor dem Kliff liegenden Schutthalden weg, auch wenn sie nach längeren Ruheperioden bewachsen sind. Nur die Felsblöcke bleiben liegen. Bedingt durch die vorherrschenden Windrichtungen von Nordwest bis West wird der Sand im Wasser durch die Strandversetzung nach Süden abtransportiert. Seit 5000 Jahren (Höhepunkt der Litorina-Transgression) entwickelte sich daraus das **System der Strandwälle des Rustwerders**. Heute bilden sie die 2 km lange **Nehrung** vor der ehemaligen Bucht des Faulen Sees, die ihn bis auf die schmale Rinne der Fuul Bäk beim Hof Brandenhusen von der Wismarbucht abtrennt.

Der breite Sandstrand nördlich des Timmendorfer Hafens entstand seit 1928 durch die **Fangwirkung der Nordmole**. Hier lagert sich der an der Nord- und Nordwestküste entlang transportierte Sand ab und wird bei Sturmhochwasser über die Mole auch in das Hafenbecken eingespült. Es muß von Zeit zu Zeit immer wieder ausgebaggert werden.

Höckerschwäne am Eisrand vor Poel, dahinter ein Trupp Gänsesäger

**Pflanzenwelt** Im Wandergebiet fällt der seit Anfang der sechziger Jahre in Etappen angepflanzte Schutzwald auf (→ auch Tour 15). Seither sind südlich Timmendorfs etwa 30 m Land bis über den alten Wanderweg hinaus abgebrochen. Die Dünen nördlich des Hafens sind künstlich erhöht und als Hochwasserschutz für das dahinterliegende Gelände mit Strandhafer und Sanddorn bepflanzt worden.

Im Strandbereich des Steilufers findet sich im Wasser der an den Steinen haftende Blasentang (erkennbar an den Verdickungen seiner lappigen grün-braunen Blätter), der früher zur Jodgewinnung gesammelt und getrocknet wurde.

**Tierleben** Im Kliff der Steilküste befinden sich viele Kolonien von Uferschwalben. Die bis etwa 1 m tiefen Niströhren werden nur in feinsandigen Schichten angelegt. Es finden sich auch Fuchs- und Kaninchenbauten, die manchmal von Enten zur Anlage von Nestern benutzt werden.

Tour 15

## Winterexkursion zum Beobachten der gefiederten Gäste rings um die Insel Poel

---

**Anfahrt**

🚌 Von Wismar Linien nach Kirchdorf oder Boiensdorf benutzen (A 46, A 31)

🚗 Von B 105 in Richtung Insel Poel über Redentin mit Parkplätzen im Dorf Redentin, vor Hotel „Schäfereck“, Groß Strömkendorf, Gollwitz Ortseingang, Schwarzer Busch, Timmendorf

**Wanderstrecke** und **Profil** Anfahrtstrecke ist im Winter beräumt und abgestumpft. In Küstennähe größere Feuchtlagen je nach Winterwitterung

**Orientierung** → Tourenkarte S. 62

**Rast** Hochufer Gollwitz, Hafen Timmendorf

**Einkehr** und **Quartier** Gaststätte und Hotel „Schäfereck“, Groß Strömkendorf, Gaststätten in Kirchdorf und Timmendorf

---

Die innere **Wismarbucht** und die Küstengewässer um die **Insel Poel** liegen im Bereich des ostatlantischen Teils des Zugvogelweges. In kaum einer anderen Region der westlichen Ostsee kann man eine so große Vielfalt an Vogelarten bereits Ausgang des Sommers beobachten. Dann erscheinen die **Watvögel** (Limikolen) und im Spätherbst ganze Heerscharen der nordischen **Wildgänsearten**. Neben den ganzjährig verbleibenden Vogelarten (Stand- und Jahresvögel) und den Teilziehern halten sich Durchzügler und Überwinterer besonders aus den skandinavischen Ländern und den nordöstlichen subarktischen Bereichen längere Zeit im Revier auf und nutzen die offenen Flachwasserflächen und Küstenzonen in der Wismarbucht mit ihrem reichen Nahrungsangebot. Ein besonders beeindruckendes Schauspiel bieten die **Eiderenten** bei Winterausklang vor der Poeler Nordküste mit ihren Balzspielen. Der **Mittelsäger** macht sich durch seine Lautgebung bemerkbar. Immer wieder beeindrucken den Vogelfreund die Massenansammlungen der **Berg- und Reiherenten** in der Bucht und dem Breitling. Im Spätherbst fallen auf den Feldflächen um den Boiensdorfer Werder oft bis zu 10 000 **Bleß- und Saatgänse** ein und suchen auf den Rapsschlägen und Wintergetreideflächen nach Futter. Auch Kanadagänse kann man seit etwa 15 Jahren regelmäßig sehen.

Geeignete Beobachtungspunkte bieten sich bereits am Poeler Damm zwischen Strömkendorf und Fährdorf, wo Breitling und Salzwiesen gut überschaubar sind. Von hier aus kann man über Malchow nach Gollwitz weiterfahren und vom Kliff aus die Insel Langenwerder mit ihren vorgelagerten Sandbänken beobachten. Unterwegs nach Kirchdorf und Timmendorf bieten sich auf der Feldmark oder in der Nähe der Küstenschutzanpflanzungen ebenfalls geeignete Beobachtungsstandorte. Die Straßen sind im Winter kaum befahren und die Ruhe ist ein erholsamer Faktor, auch wenn manchmal eine steife Brise von See bläst.

Die nachstehende **Übersicht** kennzeichnet die wichtigsten Vogelarten in bestimmten Einstandsbereichen an der Wismarbucht während der kalten Jahreszeit (Quelle: STAUN Wismar / Strache, 1993)

**1. Breitling** und **Salzwiesen** am **Poeler Damm**

Reiherente
bis 10 000
Bergente
bis 30 000
Tafelente
bis 5000
Pfeifente
bis 5000
Grauammer
bis 60
Kolkrabe
bis 50
Wacholderdrossel
bis 300

Schellente
bis 300
Höckerschwan
bis 1000
Bleßralle
bis 1000
Zwergtaucher
bis 60
Habicht, Turmfalke
Kornweihe
vereinzelt

## 2. Feldmark zwischen Wangern – Kirchdorf – Gollwitz

Bleßgans
bis 100
Saatgans
bis 1000
Weißwangengans
bis 200
Kanadagans
bis 1000
Singschwan
bis 1000

Rauhfußbussard
Sperber
Merlin –
vereinzelt
Schneeammer –
kleine Trupps

## 3. Timmendorfer Hafen

Bei Eisgang viele Arten auf engstem Raum.
Mantel-, Silber-, Sturm-
und Lachmöwe
bis 200
Tafel-, Reiher-, Eiderente
in Trupps

## 4. Blocksteinfelder vor den Steilküsten

(Seedorf, Kaltenhof)
Eiderente
bis 10 000
Mittelsäger
bis 200
Schellente
bis 200
Eisente
vereinzelt

Ohrentaucher
bis 30
Rothalstaucher
bis 80

## 5. Kirchsee

Kormoran
bis 50
Gänsesäger
bis 100

Bleßralle
mehrere tausend
Reiherente,
Tafelente
bis 20 000

## 6. Gollwitzer Kliff Mit NSG Langenwerder

Großer Brachvogel
bis 30
Rotschenkel (isländ. Unterart)
5 – 10
Einzelne Kibitzregenpfeifer

## 7. Reetmoor am Schwarzen Busch

Kleine Trupps der Bartmeise

## 8. Küstenschutzanpflanzungen / Vorwald

Bergfink, Gimpel, Rotkehlchen, Amsel, Erlenzeisig, Wintergoldhähnchen, Bluthäufling, Grünfink, Goldammer, Schwanzmeise, Weidenmeise

## 9. Boiensdorfer Werder

Singschwan
bis 800
Zwergsäger
bis 30
Schellente
bis 300
Mittelsäger
bis 200

Bleß- und Saatgans
bis 10 000
Pfeifente, Bleßralle
mehrere tausend

# Das Hinterland der Wismarbucht bis zum Schweriner See

Folgt man der Bundesstraße 106 von Wismar nach Schwerin in N-S-Richtung, so merkt man bald nach Verlassen der Hansestadt den schnellen Anstieg des Landschaftsniveaus. Hier haben die Gletscher mit großer Schubkraft die Oberfläche zum Profil des langgestreckten Höhenrückens verformt und abschmelzende Wassermassen Rinnen, Senken und Mulden ausgewaschen. In dieser Westmecklenburgischen Senke existieren im Untergrund besondere Bruchzonen aus älteren erdgeschichtlichen Epochen. Das Hinterland der Wismarbucht ist also keine flache Tafelebene. Die Böden sind in den Moränenbereichen steinig, und auf den fetten schweren Lehmstandorten wird intensive Ackerwirtschaft betrieben. Nur wenige Misch- und Bruchwälder stocken auf diesen Flächen. Dennoch zeigt die Landschaft eine naturbetonte Struktur durch zahlreiche eingestreute, markante Feldhecken, Knicks, Sölle und durch kleinere und größere Rinnenseen und Wasserläufe ein abwechslungsreiches Bild schützenswerter Lebensräume in benachbarten Landschaftsschutzgebieten, die auch ausreichend Möglichkeiten für Tourismus und Fremdenverkehr bieten.

◁ Auf dem Wege in das NSG Döpe

Tour 16

## Von der Obotritenburg Mecklenburg durch das Tal des Wallensteingrabens nach Bad Kleinen

**Anfahrt**

- Strecke Wismar–Bad Kleinen
- Linie A 28 in Richtung Bad Kleinen, Abfahrt in Wismar vor Polizeiamt
- B 106 in Richtung Schwerin, **P** am Kirchplatz oder vor Burgwall Mecklenburg

Kirche im Dorf Mecklenburg

🚲 Hauptwanderweg von Kluß über Karow gut ausgebaut

**Wanderstrecke** und **Profil** Streckenlänge 8 km / 2 Stunden 30 Minuten, eben bis leicht hügelig im Moidentiner Forst, teilweise frischfeuchte Lagen um Petersdorf

**Orientierung** Wegemarkierung (blauer Querbalken auf weißem Grund), Tourenkarte → S. 75

**Rast** am Burgwall Mecklenburg, ebenso an der ehemaligen Wassermühle Brusenbek

**Einkehr** Gaststätten „Mühlengrund", „Mecklenburger Mühle", Kulturhaus in Dorf Mecklenburg, „Waldeck", „Seeblick" in Bad Kleinen

---

Wer etwas Zeit mitbringt, kann in **Dorf Mecklenburg** die Kirche besichtigen und in der Nähe der Kreuzung B 106 – Rambow das **Agrarhistorische Museum** besuchen. Wer mit dem Auto von Wismar anreist, kann auch über **Lübow** fahren und dort die **spätromanische Backsteinkirche** (1220 erbaut) aufsuchen.

Vom Vorplatz der Dorfkirche in Dorf Mecklenburg gehen wir die Lindenallee bis zur Wallanlage der ehemaligen **Burg Mecklenburg**. Eine Informationstafel gibt Auskunft über dieses bedeutende Bodendenkmal. Man kann auf den bewaldeten Wall über die Zufahrt zum darauf seit 1870 angelegten Gemeindefriedhof aufsteigen.

Man geht links am **Burgwall** vorbei über die Wiese und gelangt zu einem Erlen-Eschen-Bruchwald, an dem man unterhalb des Bahndamms der Strecke Wismar – Bad Kleinen weitergeht. Nun steigt bei Erreichen der **Endmoränen** das Gelände vor dem Bahnhaltepunkt Petersdorf etwas an. Wir verlassen das **Feuchtgebiet** mit dem Bruch und schwenken rechts zur Brücke über den **Wallensteingraben** in einen Rotbuchen-Eichen-Mischwald ein. Nach Überqueren der Landstraße nach Moidentin geht man oberhalb des Bahndamms auf dem Wanderweg weiter, überquert nach der Moränenstaffel nochmals den Wallensteingraben und gelangt zur Ruine der ehemaligen **Wassermühle Brusenbek**. Hier beginnt am Bahnhof Moidentin das Sandergebiet. Wir überqueren am Bahnübergang den Gleiskörper und steigen auf die Höhe der bodensauren Nadelholzforste empor. Am Weg liegt der **Waldfriedhof Losten**, Ruhestätte von Thyphusopfern der letzten Kriegsjahre aus einem Flüchtlingslager. Der Wanderweg führt uns oberhalb des **Lostener Sees** entlang, begleitet von wunderschönen Laubmischwaldbeständen dieses Landschaftsschutzgebietes im Tal des Wallensteingrabens. Nach Erreichen der Landstraße von Bad Kleinen nach Hohen Viecheln geht man rechts etwa 300 m auf die Straße und biegt dann links wieder in den Nadelwald ein bis zum Ufer des **Schweriner Außensees**. Hier erreicht man die Reste einer mittelalterlichen Befestigungsanlage, der **Schwedenschanze**. Durch den Tunnel der Eisenbahnstrecke gelangt man wieder auf die Landstraße und ist dann bereits in **Bad Kleinen**.

**Empfehlung** Man kann die Wandertour teilen und kürzen, indem die Bahnstationen Petersdorf oder Moidentin bereits zur Rückfahrt oder Weiterfahrt nach Bad Kleinen genutzt werden. Mit Bus oder Bahn kommt man mehrmals täglich nach Dorf Mecklenburg oder Wismar zurück. **Hinweis**: Der Wallensteingraben ist weder Wasserwanderweg noch Sportgewässer.

**Kulturgeschichte** **Dorf Mecklenburg** ist um 1300 aus slawischen Vorburgsiedlungen entstanden. Die **Dorfkirche** entstand um 1360 mit Schnitzkanzel, Altar und Kreuzigungsgruppe um 1630.

Der Burgwall der **Obotriten-Hauptburg „Mecklenburg"** ist ein slawischer Fürstensitz aus dem ersten Viertel des 7. Jahrhunderts und urkundlich 995 durch Kaiser Otto III. belegt. Die erste Erwähnung erfolgt aber schon 965 durch den arabischen Handelsreisenden Ibrahim ibn Jacub als „magnipoli" und „Nakons Burg", in mittelalterlichen Chroniken als „Mikelenburg" benannt. (mekel – miklin – michel = groß). Burg und Siedlungsplatz gaben dem Land den Namen. Häufige Burgzerstörungen im Zuge der Christianisierung der ostelbischen Slawen (1160, 1164, letztmalig 1322), die heutige Wallhöhe beträgt 8–10 m, die obere Fläche 1,4 ha. Verbaut wurden 25 000 m³ Erdmassen, 9400 Festmeter Holz. (Berechnungen von Prof. P. Donat, Berlin).

Der **Wallensteingraben** ist ein 21 km langes Fließgewässer vom Schweriner Außensee zur Ostsee mit einem Höhenunterschied von 39,6 m. Der frühere Kanal „Stevine", „Viechelsche Fahrt" oder „Schiffsgraben" ist damit nicht identisch. Den Kanal erbaute Tilemann Stella um 1576 im Auftrag der Mecklenburger Herzöge Albrecht und Ulrich mit zwölf Schleusen. Streitigkeiten über Handels-, Markt- und Zollrechte ließen den Kanal bald verfallen. Wallenstein versuchte 1628 erfolglos die Kanalrestaurierung.

**Erdgeschichte** Das Wandergebiet ist das Rückzugstal eines Teiles des großen Beltsee-Gletschers mit Aufschüttung von **Jungmoränenstaffeln** (Weichsel-Eiszeit, Rosenthaler Staffel) um Petersdorf/Moidentin und **Grundmoränen** mit Beckentonlagern vor der Hansestadt Wismar. Eingelagert sind verlandete Niedermoorstandorte und zahlreiche **Sölle**.

**Pflanzenwelt** **Laubmischwald** stockt auf bodensauren Moränenstandorten mit Stiel-Eichen, Rot- und Weißbuchen, Berg- und Spitzahorn, Berg-Ulmen.

Die **Krautschicht** im Frühjahr bietet Anemonen, Scharbockskraut, Goldnessel, Wald-Ziest; später Halbschattenpflanzen, wie Einblütiges Perlgras, Wald-Flattergras, Salomonssiegel, Teufelskralle.

In **Sandergebieten** dominieren Kiefern mit verschiedenen Brombeerarten, Be-

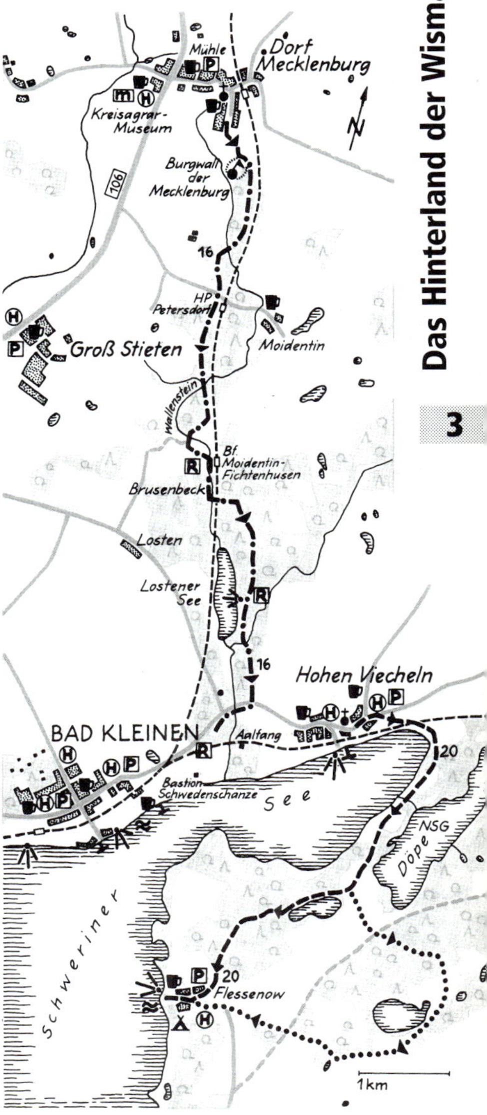

senginster und Schlängelschmielen im Unterholz. Die naturnahen **Auenwälder** sind artenreich: Schwarz- und Grauerle, Esche, Sal-, Bruch-, Grau- und Silberweide, Eberesche, Pfaffenhütchen, Weißdorn.

Ende April und Mai ist die schönste Wanderzeit. Dann blühen am Wanderweg: Gefleckte Taubnessel, Teufelskralle, Gamander-Ehrenpreis, Kriechender Günsel, Goldschopf-, Kriechender und Wolliger Hahnenfuß und Große Sternmiere.

Die Uferzonen des Wallensteingrabens sind oft geschützte Bereiche artenreicher Riedgrasgesellschaften und Sumpfpflanzen.

**Tierleben** Die Tallandschaft am Wallensteingraben beherbergt eine artenreiche **Vogelwelt**: Eisvogel, Gebirgs-Bachstelze, Wasseramsel, viele Specht- und Meisenarten, Winter- und Sommergoldhähnchen, Rohrsänger, Schwarz- und Rotmilan, Baumfalke und Weißstorch.

Der Wallensteingraben gilt als Salmonidengewässer, ist in ruhigen Abschnitten aber auch Laichgewässer von Laub-, Gras- und Moorfrosch sowie Kammolch.

Tour 17

## Ein Ausflug zum „Teufelsbackofen" im Everstorfer Forst

**Anfahrt**

Linie A 4 bis Haltestelle Abzweig Barendorf ab Wismar, Großschmiedestraße

Am Wallensteingraben

B105 von Wismar in Richtung Grevesmühlen bis zum Waldparkplatz am Abzweig Barendorf

Nur vom Parkplatz aus zu empfehlen

**Wanderstrecke** und **Profil** Gute, trokkene Wanderwege. Im Moränenbereich leicht ansteigend bis 90 m. Rundkurs etwa 30–45 Minuten Dauer.

**Orientierung** vor Ort gute Markierung mit Erläuterungstafeln

**Rast** und **Einkehr** Sternkrug an der B105 oder Rastplatz am Parkplatz Barendorfer Abzweig

---

Die einmalige Gelegenheit, typische Formen von Großsteingräbern zu besichtigen, bietet erst seit kurzem der archäologische Lehrpfad im Everstorfer Forst bei Grevesmühlen. Nach den Ausgrabungen des Museums für Ur- und Frühgeschichte Schwerin in den vergangenen Jahren kann der Besucher hier die Entwicklung vom Urdolmen bis zum Ganggrab verfolgen.

Vom Parkplatz an der Nordseite der B105 gehen wir 50 m den Waldweg nach **Barendorf** und biegen dann entsprechend der Wegemarkierung (rotes Kreuz) nach links in den Kiefern-Laubmischwald ein. Der Rundweg ist gut beschildert. Er führt uns beidseitig der Straße zu fünfzehn verschiedenen **Großsteingräbern** (Megalithgräber) aus der **Jüngeren Steinzeit**, die zum großen Teil noch im ursprünglichen Zustand erhalten oder durch Bodendenkmalpfleger restauriert und gekennzeichnet wurden. Es ist zu beachten, daß der Rundweg die B105 wieder überquert und auf der Südseite weitergeführt wird. Die

Das Hünengrab Teufelsbackofen

Großsteingräber auf dieser Seite sind noch gewaltiger. Die größte Grabanlage erhielt den volkstümlichen Namen **„Teufelsbackofen"**.

Am Ende des Lehrpfades befindet sich ein prachtvoller mittelalterlicher Sühnestein aus gotländischem Muschelkalk. Er wurde für den an dieser Stelle im Jahre 1391 ermordeten Wismarer Kaufmann Lüdecke Mozellenburch errichtet.

Die Rundwanderung ist auch im Hochsommer angenehm und unbeschwerlich, weil die Wegführung im Waldschatten verläuft. Für den botanisch interessierten Besucher bietet diese Wanderung eine interessante Vegetation.

**Empfehlungen zur Tourenerweiterung**

Man kann den Weg südwärts durch den Wald nach **Meierstorf** und **Tressow** wählen. Dabei durchwandert man das **Landschaftsschutzgebiet** am Tressower See, ein Sander- und Jungmoränengebiet mit schöner Feldheckenausstattung in leicht hügeliger Lage mit dem langgestreckten **Tressower See**. Das **Tressower Schloß** ist leider in baulich schlechtem Zustand, es ist Sitz einer Sonderschule. Über **Gressow** kann man zurückwandern. Hier sollte man sich die Innenausstattung der alten Dorfkirche ansehen.

Eine andere Variante des Weges führt von Meierstorf 2 km geradeaus zum **Schloß Plüschow** und von hier in Richtung über Hilgendorf zur B 105 und dem Everstorfer Forst zurück.

**Kulturgeschichte** Die **Megalithgräber** im Everstorfer Forst stammen aus

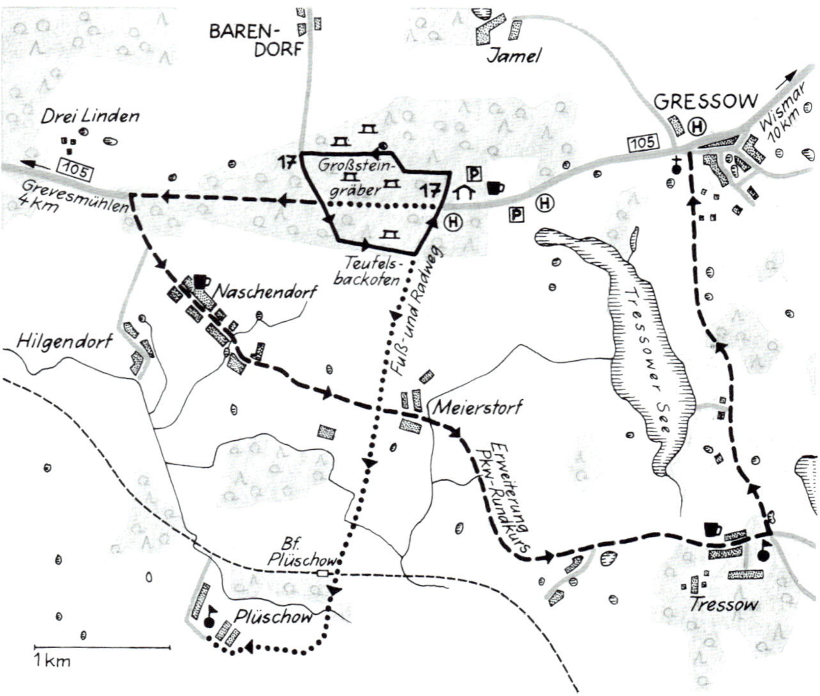

der Jüngeren Steinzeit etwa 3000 Jahre vor Chr. Es sind verschiedene Grabtypen: Urdolmen, Erweiterte Dolmen, Großdolmen.

An der Wegegabelung Hamberge–Everstorf befindet sich ein Sühnestein, errichtet 1391. In Everstorf steht das älteste Gutsherrenhaus Mecklenburgs von 1557.

**Schloß Tressow:** Herrensitz der Grafen von Schulenburg-Tressow mit Parkanlage

**Schloß Plüschow:** Neobarockschloß aus dem 18. Jahrhundert, in einer Feuchtniederung gelegen. Gegenwärtig wird es restauriert und dient einer Künstlergemeinschaft zur Gestaltung von Ausstellungen und Handwerkermärkten.

**Erdgeschichte** Der **Tressower See** ist Rest einer Abflußrinne in einem breiten **Sander**, der vor den Rückzugsstaffeln der Grundmoräne zungenartig in Ost-West-Richtung verläuft. Die nordwärts davon gelegenen **Moränen** sind zur Rosenthaler Staffel der Weichsel-Eiszeit zugehörig.

**Pflanzenwelt** In den Feuchtlagen am Tressower See befinden sich geschützte **Orchideenwiesen**. An den Südhängen der Moränen sind artenreiche **Halbtrokkenrasen** vorhanden. Krautreiche **Kiefernwälder** stocken auf den Hanglagen der Moränen; zwischen Barendorf und Hamberge gibt es alte **Rotbuchen-Waldgebiete**.

**Tierleben** In den Waldbereichen brüten und leben zahlreiche **Singvogelarten** und Greifvögel. Überall begegnet man an den Waldwegen den Nesthügeln der **Waldameisen**, die ihre „Straßen" auch quer über die Wanderwege gelegt haben. Zwischen den Kiesen und Steinlagern kann man öfter einer **Waldeidechse** oder auch einmal einer **Blindschleiche** beim Sonnenbad zusehen.

Tour 18

# Von Bad Kleinen über Schloß Wiligrad nach Lübstorf

**Anfahrt**

Bad Kleinen ist Streckenknotenpunkt der Bahnlinien Lübeck–Rostock, Schwerin–Wismar

Linie A 28 über Groß Stieten und Hohen Viecheln

B 106 bis Kreuzung Bobitz–Bad Kleinen mit **P** am Bahnhof Bad Kleinen, Straße nach Gallentin

Wanderweg über Gallentin

**Wanderstrecke** und **Profil** guter Wanderweg am Ufer des Schweriner Sees, ebenes Gelände, nur am Schloß Wiligrad Ufersteillagen

**Orientierung** Die Tour ist Anschlußtour an Tour 16, Tourenkarte → S. 82, Wegemarkierung blauer Querstrich auf weißem Grund

**Rast** und **Einkehr** Gaststätten in Bad Kleinen „Waldeck" und Gallentin „Zum Schwarzen Kanal"

**Quartier** „Ulis Kinderland" Gallentin für Jugendgruppen, Tel. (03 84 23) 3 65

Vom Bahnhofsvorplatz (Bushaltestelle und Parkplatz) in Bad Kleinen folgen wir der Landstraße nach **Gallentin** ca. 200 m, biegen dann links in einen Weg zum Seeufer ein, der den Bahnkörper durch einen schmalen Fußgängertunnel unterquert und erreichen den Hauptwanderweg. Diesem folgen wir nach rechts. Hier bietet sich schon ein schöner Blick über den See zur gegenüberliegenden **Insel Lieps**. Nach 1 km Wegstrecke wird der große **Campingplatz** Gallentin erreicht, wo Möglichkeit zum **Baden** und **Surfen** besteht. Nun steigen wir die Terrasse des Ufers empor und wandern auf schmalem

Schloß Wiligrad

Pfad in das Forstgebiet des ehemaligen großherzoglichen **Schlosses Wiligrad** hinein. Alte Eichen und Rotbuchen bedecken die Hanglagen bis zu den Uferzonen der **Seeterrassen**. Teilweise rieselt das Wasser aus Hangquellen zum See herab und erzeugt anmoorige Zonen mit seltener Bodenvegetation. Wir können sowohl direkt am Ufer oder auf dem Steilufer zum Schloß Wiligrad gelangen. Im Schloß sind zumeist **Kunstausstellungen** zu sehen. Von hier aus gehen wir auf der selten befahrenen asphaltierten Straße durch den Wald nach **Lübstorf**, wo die Rückfahrt mit der Eisenbahn (eine Station bis Bad Kleinen) erfolgen kann. Der Wald zwischen Wiligrad und Lübstorf ist mit sehr alten Eichen-Rotbuchen-Beständen sehenswert. Die Wanderung auf ebenem Gelände ist sehr erholsam. Wer den Weg am Seeufer wählt, hat es etwas beschwerlicher, wird jedoch durch die wildromantischen **Uferzonen** und Steilhanglagen voll entschädigt.

**Kulturgeschichte** Schloß Wiligrad wurde als großherzoglicher Sommersitz und Jagdschloß 1896–1898 im italienischen Renaissancestil mit Terrakotten, ähnlich dem Schloß Gadebusch und dem Wismarer Fürstenhof erbaut. Die Reste einer Parkanlage weisen wertvollen Baumbestand auf.

**Erdgeschichte** Wiligrad liegt in Randlage eines Ausräumbeckens des Schweriner Sees oberhalb der Seenstaffelzone auf kuppiger Grundmoräne mit Geschiebemergel. In Seenähe verlaufen Abbruchkanten und Seeterrassen. Der **Schweriner See** ist ein Zungenbeckensee, der durch tiefe Abrasion und Abschürfung am Gletschergrund und späteres Auffüllen mit Oberflächenwasser gebildet wurde. Seine Gesamtfläche beträgt 63 $km^2$. Er besitzt eine Länge von 22 km von Hohen Viecheln bis Schwerin, ist bis zu 6 km breit und hat eine Maximaltiefe von 56 m.

**Pflanzenwelt** Um Wiligrad und Lübstorf existieren naturnahe alte Mischwaldbereiche mit artenreicher Gräser-, Moos-, Pilz- und Farnvegetation auf bodensauren Standorten.
In Hanglagen am Schloß gibt es reiche Bestände von Ähriger Teufelskralle und Christophskraut. Im Uferbereich finden sich **Hangquellmoorzonen** und **Auenwald**. Die Seeröhrichte sind schmal und lückenhaft. Seggenriede mit Sumpf- und Waldschachtelhalm sind vorhanden.

**Tierleben** Vom Uferweg aus beobachtet man zahlreiches **Wassergeflügel** im Röhricht und auf der freien Seefläche. Es sind vor allem Tauchenten, Schwäne und Bleßrallen. Viele Höhlenbrüter nutzen die alten Baumbestände zur Brutplatzwahl: Bunt-, Schwarz- und Kleinspecht, Kleiber, Kohl-, Weiden- und Sumpfmeise. Mit etwas Glück entdeckt man auch einmal das Nest einer Beutelmeise. Eichhörnchen klettern noch unbekümmert im Geäst. Viele Insekten nutzen den Abfall von Rohhumus und Mulm für die Aufzucht ihrer Nachkommen im Bereich der alten Eichen und Buchen.

Tour 19

# Ein Ausflug zum Vogelrast- und Brutgebiet Dambecker Moor

---

**Anfahrt**

🚂 → Tour 18

🚌 Linie A 28 bis Bad Kleinen, Bahnhof

🚗 B 105 bis Abzweig Bad Kleinen mit Parkmöglichkeiten auf dem Bahnhofsvorplatz und Gallentiner Straße

🚲 Die gesamte Tour ist auf Waldwegen gut möglich

**Wanderstrecke** und **Profil** Ebenes Gelände, bis Wendisch-Rambow verläuft die Tour im Wald. 5 km/1 Stunde 30 Minuten, bis Bobitz 8 km/2 Stunden 30 Minuten

**Orientierung** Tourenkarte → S. 82

**Rast** Dambecker Seen (NSG!)

**Einkehr** Gaststätten in Dambeck und Bobitz

---

Dieser Ausflug ist besonders **ornithologisch interessierten Naturfreunden** als Fuß- oder Radwanderung zu empfehlen. Man kann jedoch auch mit dem Auto über die B 106 und Abzweig Wendisch-Rambow direkt vor Ort fahren.

Vom Bahnhofsvorplatz Bad Kleinen geht man ca. 250 m in Richtung Gallentin und biegt dann in den Waldweg nach rechts ein. Die Wegeführung verläuft fast geradlinig durch einen schönen **Laubmischwald** bis zur **B 106**. Hier ist Vorsicht geboten, wenn man zur anderen Straßenseite überwechselt und dann auf dem Knüppeldamm bis **Wendisch-Rambow** weitergeht. Das Seengebiet des **Dambecker Moores** ist **Naturschutzgebiet** und es ist

Schwarzhalstaucher auf einem Nest aus schwimmenden Pflanzenresten

angebracht, sich eventuell als Wandergruppe dem Betreuer des Gebietes zu einer Führung anzuvertrauen. Anmeldung ist beim Staatlichen Amt für Umwelt und Natur, 19061 Schwerin, Pampowerstraße 66–68 möglich. Auch sollte man während der Hauptbrutzeit der Vögel diesen Ausflug nicht planen.
Man kann zwischen dem Großen und Kleinen Dambecker See weiterwandern bis zur Ortschaft **Dambeck**. Der Ort wurde bereits im Register der Ratzeburger Bischöfe von 1230 und 1234 urkundlich erwähnt. Hier empfiehlt sich eine Besichtigung der alten Kirche (14. Jahrhundert) und ein Besuch bei den **Kunsthandwerkern** oder **Kunstmalern** des Ortes. Bis **Bobitz** ist es nicht weit. Hier ist die Rückfahrt mit der Bahn und dem Bus (A 34 c) nach Bad Kleinen oder mit dem Bus nach Wismar (Strecke A 34 b) möglich.

**Kulturgeschichte Erdgeschichte**

Die Dambecker Seen, auch das „Schwarze Moor" genannt, waren ursprünglich ein glazial entstandenes Oberflächengewässer ohne Abfluß (Toteiswanne = Einbruchssee). Es bildete sich eine Bodensenke mit erhöhten Böschungen von 60–80 m über NN. Die südliche Bodenwelle ist Teil der Wasserscheide zwischen Nordsee und Ostsee. Der heutige entwässernde Abfluß (Burggraben) führt das Wasser über die Stepenitz zur Ostsee, der künstlich angelegte südliche Durchstich (Augraben) führt zum Schweriner See und über Stör – Elde – Elbe zur Nordsee. Dieser Durchstich erfolgte 1753, um das Moor zur Torfgewinnung zu nutzen. Durch Verfall der Abflußgräben entstand eine Sumpfseezone mit breiten Verlandungsröhrichten.

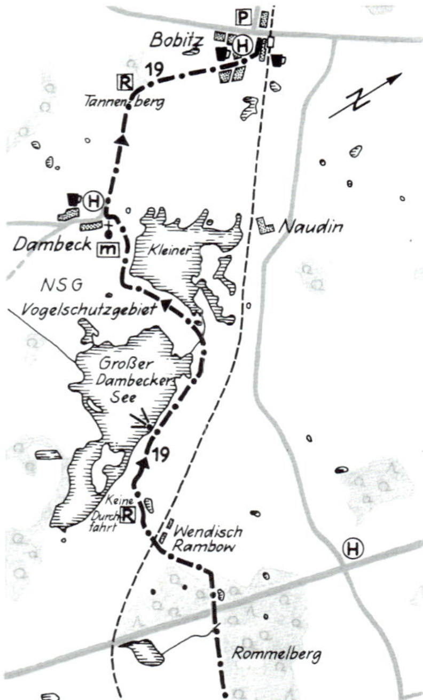

**Pflanzenwelt** Neben Teichrosen-Gesellschaften finden sich ausgedehnte Röhrichte mit dem Schmalblättrigen und Breitblättrigen Rohrkolben (Typha angustifolia und latifolia); in Flachwasserzonen ist der Große Wasserschlauch (Utricularia vulgaris) vorhanden und in Verlandungszonen Seggenriede.

**Tierleben** Die Sumpflandschaft mit einem reichen Nahrungsangebot ist Lebensraum vieler Enten und Taucher: Tafelente, Stockente, Krickente, Schnatterente, Löffelente, Schwarzhals- und Rothalstaucher, Zwerg- und Haubentaucher. Große Brutkolonien von Lachmöwen (800 Brutpaare) und Trauerseeschwalben sind bedeutsam für die Region. Als Greifvögel brüten Rohrweihe, Mäusebussard und Turmfalke.
Nahrungsgäste sind Seeadler, Fischadler und Baumfalke. Zahlreiche Kleinvogelarten sind im Revier vorhanden, u. a. Bart- und Beutelmeise, Teich- und Drosselrohrsänger. Beide Seen sind im Herbst Rastgewässer nordischer Gänse, wie Saat-, Bleß- und Kanadagänse.

Tour 20

## Von Hohen Viecheln durch das Naturschutzgebiet Döpe zum Zeltplatz Flessenow

**Anfahrt**
🚌 Linie A 28 über Dorf Mecklenburg und Bad Kleinen
🚗 B 106 über Dorf Mecklenburg – Kletzin oder Bad Kleinen mit **P** vor Gaststätte „Zur Linde" und an der Kirche
🚲 sehr guter Fuß- und Radwanderweg; für PKW gesperrt

**Wanderstrecke** und **Profil** Ebene Wanderroute im Verlandungsbereich des Schweriner Außensees, etwa 5 km/ 1 Stunde 30 Minuten

**Orientierung** Tourenkarte → S. 75, Wegemarkierung rotes Kreuz

**Rast** am Döpesee nicht möglich (NSG), besser am Langen See

**Einkehr** Gaststätten in Hohen Viecheln und Flessenow

**Quartier** Zeltplatz Flessenow, Jugendherberge

---

Wir gehen von der **Kirche** in Hohen Viecheln ein Stück die Dorfstraße in Richtung **Ventschow** entlang und biegen dann rechts in den Wanderweg mit der Markierung rotes Kreuz ein. Von der oberen Hanglage blickt man zum **Schweriner See** herunter. Wir gehen den Hohlweg hinab und überqueren den Bahnübergang. Hier beginnt bereits das **Naturschutzgebiet der Döpe**, ein sowohl botanisch als auch für Lurche und Wasservögel bedeutendes Reservat. Autoverkehr ist hier verboten, was leider viele Menschen immer noch mißachten. Der Wanderweg führt teils an Magerrasen, Feuchtwiesen, Röhrichten und Auenwald vorüber. Man sollte nicht vom Wanderweg abweichen! Dieser verläuft auf einer schmalen Landzunge zwischen Schweriner See und dem 50 ha großen **Döpesee**. Ausgangs des NSG gabelt sich der Weg. Linker Hand kommt man nach **Ventschow** oder durch herrliche Nadelholzwälder nach Alt Schlagsdorf und Rubow. Wir bleiben rechts und wandern am **Langen See** durch den Wald und die **feuchten Niederungen** bis **Flessenow**. Dort besteht Bademöglichkeit und Rast am Schweriner See oder man kann auf dem nahen Zeltplatz das eigene Zelt aufschlagen und länger verweilen.

**Kulturgeschichte** Hohen Viecheln ist bereits 1178 urkundlich erwähnt, ein al-

tes Fischerdorf an einer Handelsstraße. Besonders zu empfehlen ist der Besuch der dreischiffigen **Hallenbacksteinkirche** (Anfang 14. Jahrhundert) und der **Erbpachtfischerei** Prignitz von 1703.
**Döpe und Döpesee** bilden ein 190 ha großes **Naturschutzgebiet** mit Feuchtbiotopen. Der Name stammt aus dem Wendischen: Standort der **Obotritenburg Dobin** oder Duben, einer Hauptburg des **Fürsten Niclot**, der hier 1147 im Kampf gegen die sächsischen Heere geschlagen wurde. Bis 1356 war es ein Siedlungsplatz mit dem Ortsnamen Döwe. Urkunden der Herzöge Johann und Heinrich (1408, 1462) bestätigen Verpfändungen der Ländereien um die Döpe an die Domherren von Sperling. Der See heißt darum **Duber See** und See von Duben. In Sagen des 16./17. Jahrhunderts wird eine Namensidentität aus dem Niederdeutschen fälschlicherweise benutzt (döpe = Taufe). Sie erhielt Stützung durch die Tatsache der Taufen der Obotriten nach Stiftung des Bistums Schwerin (1171) durch **Heinrich den Löwen**. Erhärtet wird diese Deutung durch den Fund eines Taufsteins um 1775 im Döpesee.

**Erdgeschichte** Nordwärts von Jungmoränenstaffeln der Weichsel-Eiszeit begrenzt, verläuft der Wanderweg im Bereich der **Rinnenseen** mit umfangreichen **Sandergebieten**. Eingelagert sind Flachwasserseen, entstanden aus tiefgetauten **Toteisblöcken** (Döpesee). Einige Seen besitzen mehrstufige Uferterrassen nach Absenken der Wasserspiegel.

**Pflanzenwelt** Im Bereich der Döpe existieren **Schwingröhrichte** und **Niedermoore** mit geschützter seltener Vegetation. Schneideried, Fieberklee, Wasserfenchel, Sumpf-Sitter, Steifblättriges und Breitblättriges Knabenkraut. In den **Verlandungszonen** gibt es artenreiche Seggenriede, in Auwald-Bruchwaldzonen findet man Schwarz- und Grauerlen, Eschen, viele Weidenarten, unter anderem die Lorbeer-Weide. Auch der Winter-Schachtelhalm kommt vor. Die **Unterwasserflora** besteht aus zahlreichen Laichkrautarten, dem Quellmoos, dem Wasserschlauch und Armleuchteralgen.

**Tierleben** Im Döpesee existieren 10 Fischarten. Teich-, Gras-, Moorfrosch, Rotbauchunken und Knoblauchkröten kommen vor. Zahlreiches **Wassergeflügel** nutzt den See als Brut-, Mauser- und Nahrungsgewässer. **Muschelreichtum** lockt Tauchenten an, und **Kormorane** fischen hier oft zu hunderten.
Schellenten und Gänsesäger sind bestandstreu. Bis 1986 lebte an der Döpe eine Population des Weichsel- oder Woronesh-Bibers. Deutlich sieht man noch alte Baumschnitte oder Reste gefällter Espen und Weiden.
Am Ausfluß des Wallensteingrabens tauchen manchmal der **Mink** oder auch einmal ein **Fischotter** auf. Viele **Kleinsäuger**, wie Wasser- und Zwergspitzmaus, Gelbhalsmaus, Rötelmaus, Brandmaus und Schermaus sind vorhanden. Von den **Flattertieren** wurden Zwergfledermaus und Abendsegler nachgewiesen. Bis zum Jahr 1978 kam im Döpesee auch die seltene **Sumpfschildkröte** vor. Bei Verschlechterung der Wasserqualität starb sie hier ebenfalls aus.

Im Klasbachtal ▷

# Neukloster-Wariner-Seengebiet

Das Landschaftsschutzgebiet „Neukloster-Wariner-Seengebiet" gehört zu einer der reizvollsten, naturnahen Landschaftseinheiten zwischen der Wismarbucht und dem mittleren Warnowtal. Von der B192 kommend, erreicht man auf guter Straße die beiden Kleinstädte Neukloster und Warin. Neukloster liegt am Nordteil einer eiszeitlich geformten Mulde mit dem 2,6 km² großen Neukloster See. In weiten Bögen umgeben Jungmoränenketten mit großflächigen Laubmischwald- und Nadelholzforsten das Gebiet. Bei Zelttouristen und Radwanderern ist der Ort wegen seiner verkehrsberuhigten Lage und der großartigen Naturausstattung beliebt. Warin liegt zwischen Neukloster und Bruel im Zentrum der sandigen Wariner Mulde. Die Stadt ist zwischen Wäldern und acht Seen lieblich in der Niederungslandschaft eingebettet und strahlt eine angenehme Geruhsamkeit aus. Wer Naturbelassenheit schätzt und von Lärm und Hektik des Alltags entspannen möchte, ist hier am richtigen Ort. Gut ausgebaute Wanderwege bieten den Touristen viel Bewegung und die Seen gestatten vielseitige Erholungsmöglichkeiten und sportliche Aktivitäten.

Tour 21

## Ein Besuch der Kleinstadt Neukloster

**Anfahrt**

🚆 Strecke Wismar – Karow

🚌 Linie A30 von Wismar ab Dr.-Leber-Straße

🚗 B192 von Wismar bis Abzweig Reinstorf (18 km), links abbiegen, **P** am Marktplatz und Alter Markt

🚲 nur von Warin aus gut möglich. Wege sind überall gut und trocken, teilweise sandig, in Seenähe feuchtfrisch, Rundgang etwa 45 Minuten

**Orientierung** → Tourenkarte S. 90

**Rast** Neukloster See, Hang am Sonnenkamp

**Einkehr** Mehrere Gaststätten und Cafés im Stadtzentrum

**Quartier** „Waldhotel" am Klasbachtal

**Neukloster**, eine der Kleinstädte um Wismar, liegt in einer landschaftlich sehr reizvollen Umgebung des Landschaftsschutzgebietes **Neukloster-Wariner-Seengebiet**. Von Reinstorf kommend, führt die Lindenallee uns direkt in die Innenstadt.

Der kleine dreieckige **Marktplatz** wird von der Hauptdurchgangsstraße durchquert. Beidseitig vom schlichten **Rathaus** haben sich Geschäftsleute angesiedelt. Wir gehen ein Stück die Hauptstraße in Richtung **Alter Markt**, biegen dann in die Klosterstraße ein und wenden uns in der Kirchstraße nach rechts. Nach wenigen Metern erreicht man die **Klosterkirche**. Es ist ein spätromanicher Backsteinbau aus dem beginnenden 13. Jahrhundert mit frühgotischen Fensterfronten. Der schöne Schnitzaltar der Kirche stammt aus dem 16. Jahrhundert. Der im Umfriedungsbereich der Kirche freistehende **Glockenturm** wurde 1486 erbaut. Leider brannte in den letzten Jahren sein Dachstuhl ab. Geht man durch das Tor der Mauerreste der Anlage, so steht rechts das alte **Probsteigebäude** mit dem schön gestalteten Ziergiebel. Es ist der letzte erhaltene Teil der früheren Klosteranlage. Der gelb markierte Weg führt uns weiter zum **Neukloster See** hinunter. Hier steht ein altes rohrgedecktes Fischerhaus, wo auch heute noch Aal und Hecht als Delikatessen angeboten werden. Linksseitig steigt der Hang vom **Sonnenkamp** empor, wo wir an alten Eichen und Pappeln vorüber, dem Rundkurs zum

**Schulkomplex** weiter folgen. Über eine schöne Baumallee kommt man wieder zum Alten Markt zurück.

**Kulturgeschichte** Um 1200 befand sich hier bereits ein slawischer Siedlungsplatz mit Namen **Cuszin.** Fürst Heinrich Borwin verlegte 1229 ein Benediktiner-Nonnenkloster von Westenbrügge bei Neubukow an diesen Ort mit dem Namen **„novum claustum"**, also **Neues Kloster**, am sogenannten **Sonnenkamp**. Um 1245 wurden die Lebens- und Glaubensregeln des Zisterzienser-Ordens übernommen. Nach der **Säkularisierung** entwickelte sich das **Amt Neukloster** zum Marktflecken. Um 1555 gelangte der Siedlungsraum in den Besitz der Mecklenburger Herzöge. Im Westfälischen Frieden (1648 nach Ende des Dreißigjährigen Krieges) wird das Amt Neukloster, zusammen mit der Hansestadt Wismar und der Insel Poel dem Königreich Schweden zugesprochen und verbleibt bis 1803 unter schwedischem Hoheitsrecht.
Ackerbau und Forstwirtschaft prägten lange Zeit die wirtschaftlich schwache Region. Erst ab 1887 verbesserte sich die Lage durch den Eisenbahnanschluß an die Strecke Wismar – Karow. Die Verlegung des **Lehrerseminars** 1862 von Ludwigslust und die Eröffnung einer **Landesblindenanstalt** 1864 brachten nur geringen gesellschaftlichen Fortschritt in die Region. Neukloster blieb jedoch der Tradition einer Schulstadt bis zur Gegenwart treu. Dem Ort wurde 1938 das Stadtrecht verliehen. Bei Zelttouristen und Radwanderern ist der Ort wegen seiner verkehrsberuhigten Lage und der großartigen Naturausstattung beliebt. Nach der deutschen Wiedervereinigung nutzt die Stadt ihre reichen Kieslagerstätten zur Ansiedlung mittelständischer Industrien der Bauwirtschaft.

**Erdgeschichte** Das Gebiet um Neukloster gehört zur **Wariner Mulde. Endmoränen** des Pommerschen Stadiums der Weichsel-Eiszeit verlaufen in sanften Bögen zwischen Sellin, Tatow, Bäbelin und Warnkenhagen um Neukloster. In drei großen **Schmelzwasserabflußrinnen** gelangten die Schmelzwasser der Gletscher südwärts und formten das Muldenbecken mit den Seen in Richtung Warin. Dabei sedimentierten die mitgeführten **Sande und Geröllkiese** in großer Mächtigkeit und füllten die Spülwanne des Beckens aus.

Tour 22

## Rundwanderung um den Neukloster See

**Anfahrt**
Strecke Wismar – Karow
Linie A 30 von Wismar
B 192 von Wismar über Abzweig Reinstorf (18 km), **P** am Bahnhofsvorplatz oder Marktplatz
sehr gut geeignet, da wenig Autoverkehr vorhanden ist

**Wanderstrecke** und **Profil** Ebene Wanderstrecke in Ufernähe des Sees, meist trockene Waldwege. Weglänge ca. 10 km/2,5 Stunden

**Orientierung** → Tourenkarte S. 90, Wegemarkierung grüner Querbalken, ab Neumühle rotes Dreieck

**Rast** Nakensdorf am Seeufer, Rastplatz hinter Neumühle, Badeanstalt mit Ruderbootverleih nahe Bützower Chaussee

**Einkehr** Gaststätte „Seehotel" Nakensdorf, „Waldhotel" und „Seerestaurant" Neukloster

**Quartier** „Waldhotel" am Klasbachtal

Vom Bahnhofsvorplatz Neukloster aus überschreiten wir den beschrankten Bahnübergang, gehen ca. 300 m auf der Landstraße in Richtung Reinstorf weiter und biegen danach links in den Fahr- und Wanderweg nach **Nakensdorf** ein. Rechts der Landstraße erhebt sich der **Petersberg**, 53 m über dem Meeresspiegel, auf dem noch bis 1970 eine Windmühle stand. Der Weg führt über die Bahnlinie, an Nakensdorf mit den Wochenendhäusern und Ferieneinrichtungen vorüber. Man kann bis an die Seeufer herantreten. Der **Neukloster See** wird nun im Süd- und Westbereich von breiten Schilfröhrichten und Wiesen umgeben, in den Niederungen von Erlen, Weidengebüschen und auf den Hängen von Laubmisch- und Nadelwald. Wir gehen am **Düsterberg** durch den Wald, halten uns links am Weg und überqueren die **Tepenitz**, den Abfluß des Neukloster Sees zum Wariner See. Hier erreichen wir **Neumühle** mit dem ehemaligen Sägewerk der Forstwirtschaft. Der Wanderweg mündet dort in den breiteren unbefestigten Fahrweg ein, der am Ostufer des Sees bis zur Landstraße Neukloster – Lübberstorf – Bützow verläuft. Nun ist auf etwaigen Fahrzeugverkehr zu achten! Wir orientieren uns am Zeichen rotes Dreieck der Wegemarkierung. Der Weg führt durch **Nadel- und Laubmischwald**; auf halber Wegstrecke lädt rechtsseitig ein ausgebauter Rast- und Sitzplatz zum Ausruhen ein. Nach Erreichen des **Waldhotels** gehen wir links auf der Landstraße ca. 300 m weiter und biegen wieder links zur **Badeanstalt** und dem **Ruderbootsverleih** ein. Von hier aus gelangt man an der Kleingartenanlage und unterhalb des **Zeltplatzes** zur Stadt Neukloster zurück.

Die Klosterkirche in Neukloster

**Tourenerweiterung**

Wer länger in Neukloster verweilen möchte, dem sei auch eine **Rundwanderung** am Ufer der **Halbinsel** im Neukloster See empfohlen. Geht man von der Kirche am alten Klosterpark vorbei, so überblickt man vom 47 m hohen **Sonnenberg** den See. Man steigt herab, geht an den Wiesen vorbei und wählt den Weg durch den Wald zur Halbinsel, die wie eine Lanzenspitze in den See hineinragt. Geht man am verlandeten **Birkmoor** den Weg zurück, so kommt man in der Nähe der Sehschwachenschule wieder zur Stadt zurück. Wanderzeit: ca. 1–1,5 Stunden.

**Erdgeschichte** Der Neukloster See hat eine Fläche von 297 ha und im

Altes Bauernhaus bei Neukloster

östlichen Bereich eine Länge von 2,5 km. Er ist ein Rinnensee von einer hufeisenförmigen Uferrandstruktur. → Touren 21 und 23

**Pflanzenwelt / Tierleben** Die Kies- und Sandböden im Bereich des Wanderweges beherbergen eine Vegetation, die Trockenheit verträgt und Wärme liebt. Ende Mai erscheinen die weichhaarige Gewöhnliche Ochsenzunge und der steifborstig behaarte Natternkopf am Wegrand, die durch ihre blaurötlichen Blüten auffallen. Hier und dort steht auch eine gelbe Nachtkerze am sandigen warmen Trockenhang. Acker-Hornkraut und Frühlings-Greiskraut finden wir am Feldrain und auch das Silberfingerkraut ist nicht selten. In früheren Jahren wuchsen Trollblumen bei Nevern, Neumühle und Pennewitt auf den feuchten, moorigen Wiesen oft zu tausenden, und bei Neumühle fand man große Bestände der Wiesen-Kuhschelle am trockenen sonnigen Hügel. Heute befindet sich dort nur noch der Besenginster am Rand der Kiefernforste, die den See auf unserem Weg umgeben. Am Ostufer des Neukloster Sees stockt auf den Moränenhügeln kräftiger Eichen-Buchen-Mischwald. Schwache Röhrichtgürtel umgeben den See mit Weiden- und Erlenbeständen in den Verlandungszonen, durchsetzt von Großseggenrieden. In diesen Lebensräumen sind zahlreiche Wasservögel anzutreffen, wie Haubentaucher, Stock- und Löffelente oder der Graureiher. Fisch- und Seeadler sind Nahrungsgäste im Revier. Der nährstoffreiche Neukloster See förderte das Algenwachstum so stark, daß Sauerstoffmangel die Fischbestände reduzierte.

Tour 23

## Von Neukloster in das reizende Klasbachtal

**Anfahrt**

- Strecke Wismar – Karow
- Linien A 30 und A 23

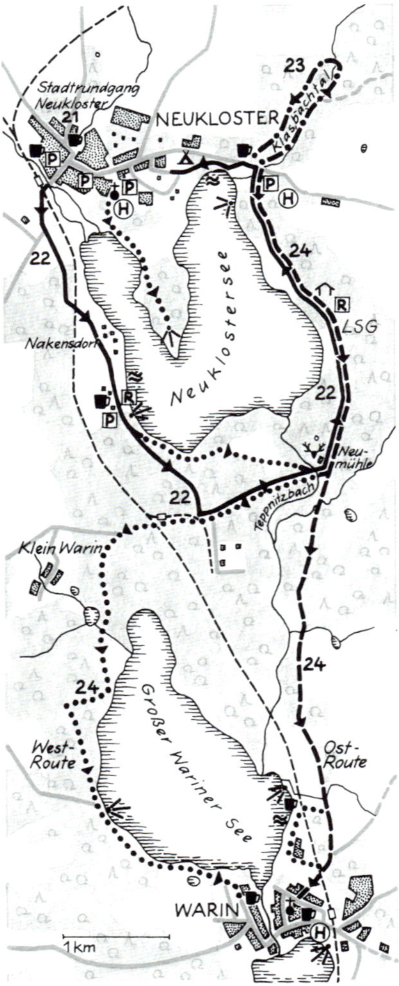


🚗 von Neukloster Landstraße nach Bützow bis „Waldhotel", P vor dem „Waldhotel"

🚲 nicht empfehlenswert

**Wanderstrecke** und **Profil** etwas feuchtfrisch am Bachufer. Der Weg steigt leicht an. Vorsicht ist an Steilhanglagen oberhalb vom Klasbach geboten. Weglänge 3,5 km / 1,5 Stunden

**Orientierung** → Tourenkarte, Wegemarkierung gelbes Kreuz

**Rast** am Neukloster See, Badeanstalt

**Einkehr** und **Quartier** Gaststätte „Waldhotel" am Klasbachtal und Seerestaurant „Schöne Aussicht" oberhalb der Badeanstalt am See

---

Vom Parkplatz am **Waldhotel Neukloster** gehen wir rechtsseitig zum Bachlauf und überschreiten den **Klasbach** an der Holzbrücke. Den Weg setzen wir am linken Ufer fort. Blickt man in das rinnenförmige Tal des rauschenden Baches und berücksichtigt die mächtigen Buchen und Eichen des geschlossenen Waldes, so fühlt man sich wie in einem Mittelgebirgsbereich. Der Wanderweg führt anfänglich am Bach entlang, wo es durch Hangquellzonen etwas feucht wird. Nun steigen wir auf den steiler werdenden Hängen aufwärts und folgen dem Wanderweg auf der Höhe. Beim Wandern ist etwas Vorsicht geboten, denn Erosionsrinnen laufen an den Hängen herab. Nach etwa 30 Minuten erreichen wir den hinteren Talbereich, wo eine Überführung über den Klasbach den Wechsel zur anderen Talseite ermöglicht. Wir folgen der Markierung gelbes Kreuz am Wegverlauf und erreichen bald wieder den Ausgangsbereich am Waldhotel.

**Erdgeschichte** Man vermutet, daß während der Abschmelzphasen der Gletscher die Schmelzwasser durch eine plötzliche Absenkung der Wasserspiegel der Seen der Wariner Mulde vom Sternberger in das Bützower Becken durchbrachen und in diesem Zusammenhang auch die Talform des Klasbaches schufen. Der Begriff **Klasbach** ist vermutlich die Abkürzung für den Begriff „Niclasbach". Sein Wasser stammt aus den Wiesenzonen bei Lüdersdorf und den Zuflüssen zwischen den Ortslagen Glasin und Babst. Der Bach hat sich tief in die Moränenstaffel eingearbeitet und schlängelt sich in zahlreichen **Mäandern** zwischen **Findlingen** hindurch. Nahe der Badeanstalt mündet der Bach in den Neukloster See, wo er Sand und kleinen Schotter ablagert.

**Pflanzenwelt** Die besondere geologische Struktur des Klasbachtals ist wohl die Ursache dafür, daß Pflanzenarten hier vorkommen, die sonst nur in Mittelgebirgsregionen heimisch sind. In der Hauptvegetationszeit ermöglichen die dichten Baumkronen oft nur schattenverträglichen Arten in der Krautschicht Entwicklungsmöglichkeiten: Zweiblättrige Schattenblume, Wald-Habichtskraut, Einblütiges Perlgras, Hain-Rispengras, Wald-Flattergras und Wald-Schwingel. Auf der Talsohle steht **Erlen-Eschen-Bruchwald** zusammen mit einer feuchtigkeitsliebenden Krautvegetation. Im Frühjahr blühen hier Buschwindröschen, Goldnessel, Scharbockskraut, Großes Hexenkraut und Teufelskralle. Auf den Hängen wächst ein alter **Rotbuchen-Kiefern-Forst**. Die Waldvegetation ist in diesem Bereich des Tales zu jeder Jahreszeit sehr schön, besonders aber, wenn im Herbst die Wälder einen bemerkenswerten Pilzreichtum zeigen.

**Tierleben** Am Klasbach sind Gebirgsbachstelzen und Eisvögel anzutreffen. Im Wald leben Buntspecht, Rotkehlchen, Zaunkönig, Fitis- und Waldlaubsänger. Reh- und Schwarzwild hat hier gute Deckung und somit ständiges Einstandsgebiet.

Tour 24

## Von Neukloster über Neumühle nach Warin

**Anfahrt**
- Bahn: Strecke Wismar – Karow
- Bus: A 30 und A 23 bis Neukloster
- Auto: von Neukloster Landstraße nach Bützow bis „Waldhotel" mit P, Weiterfahrt bis Neumühle ist auch möglich (3 km)
- Rad: Die gesamte Tour empfiehlt sich als kombinierte Auto-Rad-Tour

**Wanderstrecke** und **Profil** Bequemer Fuß- und Radwanderweg bis Neumühle 3 km, über Ostseite Wariner See 9 km, über Westseite 12 km/3 bzw. 4 Stunden, höchste Erhebung 42 m

**Orientierung** → Tourenkarte, Wegemarkierung rotes Dreieck (gut ausgeschildert)

**Rast** Neumühle Rastplatz

**Einkehr** „Waldhotel" am Klasbachtal, „Eiscafé" und „Taun Sandhaas" Warin

**Quartier** Warin-Information

Vom **Waldhotel Neukloster** aus überquert man die Landstraße nach Bützow und wandert den Landweg in **Richtung Neumühle** weiter. Dabei folgt man der **Markierung** rotes Dreieck. Der Weg führt uns durch einen schönen **Eichen-Rotbuchen-Mischwald**. Linksseitig steigt das Gelände hügelig an; in Seenähe steht **Auenwald**, und breite **Verlandungsröhrichte** säumen die Uferzonen hinter den Wiesenflächen. Die Moränenstaffel erhebt sich am **Langen Berg** bis zu einer Höhe von 42 m. Nach 3 km Wegstrecke erreichen wir **Neumühle** mit der Försterei und der Sägemühle. Hier fließt der **Tepnitzbach** als Abfluß des Neukloster Sees vorüber, der nach 4 km Lauf südwärts in den Großen Wariner See mündet. Nun

gabelt sich der Weg, und man kann sich entscheiden, ob westwärts oder östlich weitergewandert werden soll. Folgt man auf der **Ostseite** dem Weg in Bachnähe der Tepnitz, so begleiten uns krautreiche Kiefernwälder auf den Sanderflächen. Kurz vor Erreichen der **Stadt Warin** schwenken wir nach rechts, überqueren die Bahnlinie und folgen dem Weg am Ufer des **Großen Wariner Sees** bis zur **Badeanstalt** mit den Liegewiesen. Dort bieten sich Rastmöglichkeiten und **Einkehr**. Man hat einen herrlichen Blick auf den See mit seinen bewaldeten Uferzonen der Westseite. Längs einer schmalen **Lindenallee** gelangt man über die Feuchtwiesen zur Innenstadt.
Entscheidet man sich für die **Westroute**, so gelangt man durch die Verlandungszonen der **Muldenniederung** der ehemaligen Schmelzwasserabflußrinne. Kurz vor dem Bruchwald erreicht man von Neumühle kommend, die kleine **Bahnstation Neumühler Forst** der Bahnstrecke Wismar – Sternberg. Wir müssen die Bahnstrecke überqueren und nach 600 m hinter dem Bruch links abbiegen, durch den Wald weiter wandern bis zum Westufer des **Großen Wariner Sees** und der B 192. Parallel zum Ufer geht man bis zur Stadt. Von Warin aus kann man mit der Bahn nach Neukloster zurückfahren.

**Erdgeschichte** → Touren 21, 22, 23

**Tierleben und Pflanzenwelt** → Tour 22

Der Tepnitzbach

Tour 25

# Warin und seine schöne Seen- und Waldlandschaft

**Anfahrt**
🚂 Strecke Wismar – Karow über Neukloster
🚌 Linie 30 A Wismar – Reinstorf – Warin ab Wismar, Dr.-Leber-Straße
🚗 B 104 über Brüel von Schwerin, B 192 über Reinstorf von Wismar, Parkmöglichkeiten am Markt und in der Burgstraße
🚲 in der Umgebung Warins überall gut möglich

**Wanderstrecke** und **Profil** ebene bis leicht hügelige Wanderstrecken, trokken und sandig, in Seenähe feuchtfrische Lagen, Streckenlänge → Tourenergänzungen 25 a, 25 b

**Orientierung** → Tourenkarte S. 95

**Rast** Hügelgräber in Waldheim, Badeanstalt am Großen Wariner See

**Einkehr** Cafés und Gaststätten am Markt in Warin

**Quartier** Warin-Information

Die Kleinstadt **Warin** liegt zwischen Neukloster und Brüel im Zentrum der Wariner Mulde. Sie ist zwischen Wäldern und Seen lieblich in der Niederungslandschaft eingebettet und strahlt noch trotz des gestiegenen Verkehrsaufkommens eine angenehme Geruhsamkeit aus. Warin und seine schöne Umgebung sind empfehlenswert für denjenigen, der diese **Naturbelassenheit** schätzt und ungestört von Lärm und Hektik des Alltags bleiben möchte.
Vom **Bahnhofsvorplatz** gelangt man durch die Brüeler- und Lange Straße zum Mühlentor. Dort besteht Rast- und Einkehrmöglichkeit. Biegt man vor dem Mühlentor zum **Markt** ab, so sind es nur wenige Schritte bis zum schlichten Rat-

Stiftskirche Warin

haus und der neogotischen Stiftskirche (1878). Nach links gewandt, kommt man über den Stavenbachsgang zur **Strandpromenade**, die nach rechts am **Großen Wariner See** (2,7 km$^2$) zum schön gelegenen **Strandbad** führt. Den Rückweg kann man durch die Siedlung „Am Strand", am Kirchtor und Friedhof entlang zum Markt oder zum Bahnhof antreten.

**Empfehlungen** für kleinere Ausflüge:

Tour 25 a
**Besuch von Schloß und Park Hasenwinkel**
(Rad- oder Autotour, 4 km)
Von der B 192 (Wismarsche Straße) nach links zur Schweriner Straße in Richtung Ventschow abbiegen. Hinter **Nisbill** liegt linksseitig der langgestreckte **Bibowsee**, wo Bademöglichkeit besteht. Die Landstraße führt durch den Wald nach Hasenwinkel mit dem rechts der Straße befindlichen **Landschaftspark** und dem ehemaligen **Herrensitz**. Der Park ist öffentlich zugängig; im Schloß hat die Bildungsstätte für Wirtschaft Mecklenburg-Vorpommern ihren Sitz.

Tour 25 b
**Wanderung um den Glammsee**
(Markierung: grüner Balken, 4 km)
Vom Bahnhofsvorplatz geht man links vom Sportplatz zum Ostufer des **Glammsees** abwärts, an den Wochenendhäusern vorüber, überschreitet den Bahnkörper am Übergang und gelangt zum **Tönnisbach**. Es ist der Abflußgraben vom Glammsee zum Tempziner See. Danach wird die Siedlung **Waldheim** erreicht. Hier kann man bronzezeitliche **Hügelgräber** besichtigen. Der Weg verläuft weiter am Seeufer entlang zur Ventschower Landstraße, wo nach rechts abgebogen wird. Am „Chinarestaurant" vorüber kommt man wieder zum Markt.

**Kulturgeschichte** Die **Stadt Warin** zählt gegenwärtig etwa 3200 Einwohner. Mit den Gemeinden Jesendorf, Groß Labenz und Bibow bildet sie das **Amt Warin**. Bereits 1178 wird der Stadtname Warin in einer römischen Urkunde genannt und 1233 als **zentrales Kirchdorf** gekennzeichnet. Der Ort diente den Schweriner Bischöfen als Nebenresidenz, den sie um 1284 zum Schutz mit einem **Burgwall** ausbauten und sicherten. Die Burg lag am Nordwestrand des Werders, der sich am Einfluß des **Mühlengrabens** in den **Glammsee** befindet. Die zwei gekreuzten Bischofsstäbe im Wariner Stadtwappen weisen auf die Bedeutung dieser **Bischofsburg** hin. 1839 wurden die Reste dieser Anlage abgerissen. Großen Schaden erlitt Warin im Dreißigjährigen Krieg und einer Feuersbrunst im Jahre 1636. Zwölf Jahre später kam die Stadt in die Oberhoheit der Mecklenburgischen Herzöge. Anfang des 18. Jahrhunderts entwickelte sich besonders das Tuchmachergewerbe. Mit dem Bau der Eisenbahnstrecke von Wismar nach Karow (1887) wurde die Region wirtschaftlich besser erschlossen.
Die schöne Landschaft um Warin mit fünfzehn größeren und kleineren Seen im näheren Umfeld verleiht der Stadt im Kreis Nordwestmecklenburg große Chancen, als Ferienzentrum und **Erholungsort** mit einem ausgebauten Wanderwegenetz von 30 km Länge zukunftsträchtige Entwicklung zu erlangen.

**Erdgeschichte** In der Weichsel-Eiszeit bildeten sich an den Eisrandlagen zwischen Perniek, Zurow und Neukloster mehrere **Schmelzwasserabflüsse**, die südwärts die Wariner Mulde entstehen ließen. Dabei bildeten sich an den Rändern der Moränen gröbere Kieslager und in weiteren Abständen feinsandige Ablagerungen. Der stärkste Strom der Schmelzwasser trat aus einem Gletschertor nördlich von **Pinnowhof** aus. Diese Rinne kennzeichnet die **Seekette** von Neukloster See, Großer Wariner See, Glammsee und Tempziner See.

**Pflanzenwelt** Wasser und Wald vereinen sich um Warin zu einer harmonischen Landschaft. Die geschlossenen Waldbereiche mit trockenen, sandigen Wegen ermöglichen erholsame Wanderungen. Sanderstandorte tragen wüchsige **Kiefernwälder** und auf den kuppigen Moränen stocken **Eichen und Buchen** mit reichlichem Unterbewuchs von Himbeeren, Brombeeren und schattenverträglichen Waldgräsern. An sonnigen Freiflächen finden sich Besenginster, Königskerze und Ochsenzunge. In der Muldenniederung des Radebachs wandert man durch **Auenwald**. Im **Schloßpark Hasenwinkel** stehen jahrunderte alte Eichen, und man kann von den Wegen schöne Rhododendren im Unterholz bewundern. Fast als Charakterbaum der Mecklenburgischen Landschaft kann man die „**Kopfweide**" bezeichnen. Eigentlich ist es die Silberweide. Wir finden sie an Rändern der Gräben und Sölle im Schmuck ihres „Kopfputzes".

**Tierleben** → Tour 26

Tour 26

# Von Warin zum Groß Labenzer See und nach Blankenberg

**Anfahrt**

Wismar – Karow bis Warin

Linie 30 A Wismar – Reinstorf – Warin

B 104 von Schwerin über Brüel, B 192 von Wismar über Reinstorf, P Bahnhofsvorplatz

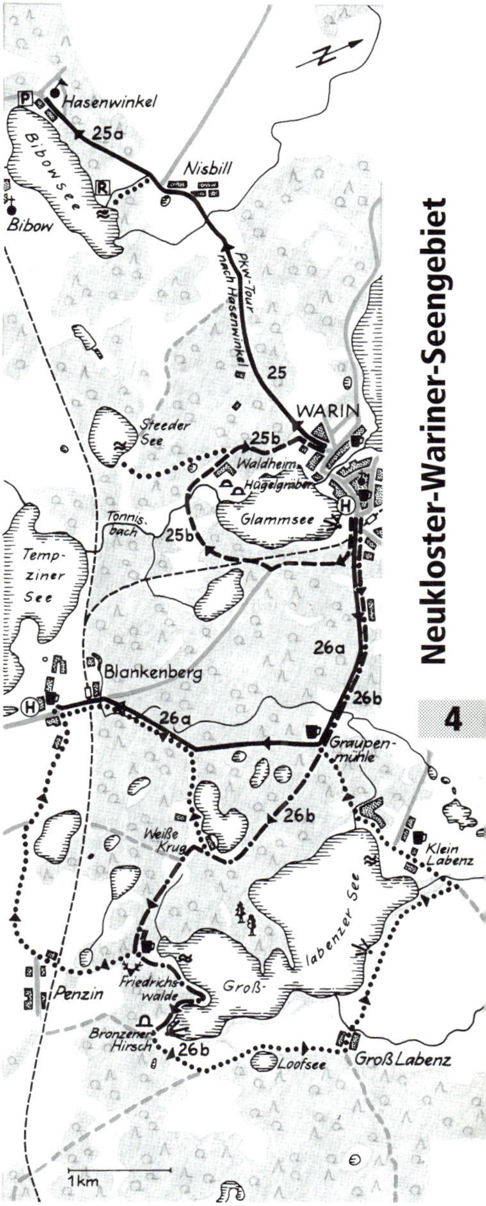

Groß Labenzer See

**Wanderstrecke** und **Profil** Trockene Sandwege mit wenig Gefälle und Anstieg, schattige Waldwege. Ruhezonen mit Naturparkcharakter

**Orientierung** → Tourenkarte S. 95, Wegemarkierung roter Balken, Teilstrekkenlänge und Gesamtstrecke → Touren 26 a und 26 b

**Rast** Badeanstalt Friedrichswalde

**Einkehr** Hotel und Restaurant „Bronzener Hirsch"

**Quartier** Ferienpark „Graupenmühle", Hotel „Bronzener Hirsch" Friedrichswalde

---

Vom Fremdenverkehrsverband „Wariner Naturpark" e. V. werden sechzehn Wanderrouten um Warin und in die nähere Umgebung angeboten. Wir empfehlen nachstehend zwei der interessantesten Wegstrecken.

Tour 26 a:

**Graupenmühle – Radebachtal – Blankenberg** (4 km)

Vom **Bahnhofsvorplatz** in Warin gehen wir etwa 200 m in Richtung Blankenberg, biegen dann links in den Weg zum Wald ein mit der Wegrichtung zur Graupenmühle (Markierung: roter Balken). Nach 1 km Wanderung liegt rechtsseitig die **Graupenmühle** mit dem **Mühlbach** und dem Ferienpark mit den neuen Bungalows. Von hier aus führt der Weg in das **Radebachtal**. In der Nähe liegt der Schießplatz des Schützenvereins. Die Wege sind recht sandig und von Radwanderern vorsichtig zu befahren. Wir halten uns zuerst rechts und biegen dann links zum Radebach ein. Wir überqueren den **Radebach**, der in seinem naturbelassenen Bett östlich an Blankenberg seinen Lauf zur Warnow nimmt. Auf dem Osthang des Radebachtales folgen wir dem Bachlauf und überqueren ihn nochmals kurz vor Erreichen der B 192. Von hier aus sind es nur wenige Schritte bis zum **Bahnhof Blankenberg**, wo die Rückfahrt mit Bahn oder Bus nach Warin angetreten werden kann. Wer in Blankenberg etwas verweilen möchte, hat ganz in der Nähe am **Tempziner See** Bademöglichkeit.

**Empfehlung** Wer mit dem Auto weiter nach Brüel oder Sternberg fährt, sollte hinter Blankenberg von der B 192 rechts nach **Tempzin** abbiegen. Es lohnt sich ein Besuch der **Klosterkirche** des ehemaligen Antoniterklosters, die gerade restauriert wird.

Tour 26 b

**Weiße Krug – Friedrichswalde – Groß Labenzer See** (4 km)

Man wählt den gleichen Wegverlauf in Richtung **Graupenmühle**, geht jedoch in gerader Richtung auf dem Waldwanderweg weiter bis **Weiße Krug** mit **Weißer See**. Hinter der Siedlung biegt man nach links ab, am **Harmssee** vorüber erreicht man **Friedrichswalde**. Vom Ferienhotel „Bronzener Hirsch“ ist es nicht weit zum **Groß Labenzer See**.

Freizeitangebote: Badeanstalt, Ruderbootsverleih, Angeln)

Hinter Friedrichswalde bleiben wir auf dem Waldweg geradeaus, biegen dann nach etwa 500 m links ein und gelangen zu einem neoklassizistischen **Mausoleum** der früheren Besitzer des Jagdschlosses mit dem Bronzestandbild eines kapitalen Hirsches des Bildhauers L. Tuaillon am Südende des Groß Labenzer Sees.

Den **Rückweg** kann man über Friedrichswalde, Weiße Krug oder Penzin, Wipersdorf zum **Bahnhof Blankenberg** wählen.

Wer eine längere Fußwanderung nicht scheut, wandert vom **Bronzenen Hirsch** am Ostufer des Groß Labenzer Sees über **Groß Labenz, Klein Labenz** nach Warin zurück. Bademöglichkeit und **Einkehr** bestehen in beiden Orten. Gesamtstrecke ab Warin um den Groß Labenzer See: 16 km.

**Erdgeschichte** Der **Groß Labenzer See** liegt in einer eiszeitlichen **Schmelzwasserabflußrinne**, die parallel zur Wariner Mulde südwärts in Richtung Brüel und zur **Warnow** verläuft. Der **Seebach** durchströmt heute dieses Gebiet und mündet in den Nordteil des Sees.

Beidseitig wird diese Rinne von südwärts vorgeschobenen **Moränenketten** der Weichsel-Eiszeit flankiert (Höhen von 60 – 80 m, Tempelberg 81 m), die westlich der **Radebach** durchbricht. Östlich vom Groß Labenzer See bis zur Warnow liegen breite **Sander** diesen Moränenhöhen vor.

**Pflanzenwelt** Ein Wariner wird scherzhaft als „Sandhaas“ bezeichnet – ein Hinweis auf die Bodenbeschaffenheit des Lebensraumes. Auch Pflanzen und Tiere müssen sich diesen wasserärmeren und leichten Böden anpassen. Um den Groß Labenzer See stehen vielfach Kiefernforste; nährstoffreichere Moränenkuppen tragen Rotbuchen-Eichen-Wald. Zwischen Friedrichswalde und dem Mausoleum am See stehen gewaltige Eichen am Hang der Uferregionen. Sandsegge, Ruchgras, Besenginster, Schlängelschmiele findet man vor.

**Tierleben** Viele Singvögel bewohnen die Waldgebiete und Uferzonen. Wassergeflügel belebt die freien Wasserflächen am See. Bussard, Rohrweihe und Rotmilan sind die häufigsten Greifvögel im Revier. Rothirsch, Reh und Wildschwein haben hier einen günstigen Lebensraum.

# Schweriner Seengebiet und die Tallandschaft der Oberen Warnow

Das Schweriner Seengebiet ist mit Sicherheit eine der schönsten Landschaftseinheiten Westmecklenburgs. An den Randlagen der eiszeitlichen Höhenzüge gestatteten die unterschiedlichsten Geländeprofile mit den kleineren und größeren Rinnen- und Toteisseen und einer Mischung vielschichtiger Bodenformen die Entwicklung einer bunten Palette der Vegetationsausstattung. Der Schweriner See, zweitgrößter See in Mecklenburg, ist hierbei die zentrale Achse im Landschaftsbild. Die Natur hat die Landesmetropole Schwerin mit einer zauberhaften Schönheit ausgestattet, die besonders derjenige bestätigen wird, der diese kleinste Landeshauptstadt der Bundesrepublik Deutschland aus der Vogelperspektive erblickt. Stadt und Umgebung besitzen auch heute noch viele innere Ruhezonen, ohne großstädtische Geschäftigkeit und Hektik ihrer Bewohner. Zahlreiche Naturschutz- und Naherholungsgebiete sind in unmittelbarer Nähe erreichbar. Südlich der Landesmetropole öffnet sich die breite Niederung der Lewitz. Östlich durchbricht der Lauf der Oberen Warnow die Sanderpackungen bei Crivitz und die Moränenhügel des Landrückens zwischen Kritzow und Karnin in vielen Mäandern und eindrucksvollen Tälern.

Besonders für Wasserwanderer, Surfer und naturverbundene Campingfreunde sind die einladenden Landschaften um die Landeshauptstadt Schwerin eine empfehlenswerte Adresse. Über die Autobahnen A 19, A 20, A 24, A 241 und über die Stör-Elde-Wasserstraße ist die Region sowohl von Berlin als auch aus dem Großraum Hamburg in kurzer Zeit erreichbar. Die Ostseeküste liegt mit kaum mehr als 30 km Entfernung in unmittelbarer Nähe und kann parallel dazu erkundet werden.

◁ Blick über den Pinnower See

Tour 27

# Mecklenburg-Vorpommerns Landeshauptstadt Schwerin

---

**Anfahrt**

Strecken Hamburg – Berlin, Rostock – Magdeburg

Von allen Kreisstädten Westmecklenburgs

Autobahn A 24 mit Anschluß A 241, B 106 Wismar – Ludwigslust, B 104 und B 208 von Lübeck, B 321 von Parchim, Zentraler Parkplatz Jägerweg, Graf-Schack-Allee, Großparkplatz Werderstraße, Am Alten Garten

Sportboote über Stör-Elde-Kanal, Spezialkarte Wasserwanderwege

**Orientierung** Stadtplan Schwerin

**Rast** und **Einkehr** Am Pfaffenteich, Burggarten, Schloßgarten

**Quartier** Schwerin-Information, Fremdenverkehrsamt

---

Stadtrundgänge

(Dauer: Jeweils etwa 1,5 Stunden)

Wir zeigen einen Rundgang durch die Bereiche der Innenstadt und erweitern diesen durch eine Variante über interessante Stellen der Neustadt, da in den Touren um die Landeshauptstadt auch Außenstadtbereiche vorgestellt werden.

1 Der **Altstädische Markt** Ausgangspunkt unseres Rundgangs. Von hier kann man auch die Stadt mit dem „Petermännchen-Expreß“ kennenlernen.

2 Das **Rathaus** liegt an der Ostseite vom Altstädtischen Markt. Es ist erkennbar am vergoldeten Reiterstandbild auf dem Sims, Symbolfigur Herzog Heinrichs, des Stadtgründers. Der Rathausbau hat viele Vorgänger von 1351

und 1651–1654. Seine jetzige Fassade im englischen Tudorstil entstand 1835.

3 Das **Säulen- oder Krambudengebäude** mit den zwölf dorischen Säulen war ehemaliges Domizil der Händler und Krämer. Es wurde 1783 bis 1785 von Hofbaumeister Busch erbaut. Ehe wir zum Dom weitergehen, passieren wir an der Rathausfront den Durchgang zum

4 **Schlachtermarkt** mit dem hübschen Brunnen, der mit dem Stier und den lustigen Figuren die Geschichte „Von Paster un sin Kau“ veranschaulicht.

5 Der **Dom** ist eines der repräsentativsten und ältesten Baudenkmäler Schwerins. Bereits 1171 wurde ein erster Bau erwähnt. Nach einem spätromanischen Kirchenbau von 1220 bis 1249 erstand der heutige Dom von 1270–1416. Der 117 m hohe Turm wurde 1893 vollendet. Die Turmbesteigung ist möglich, aber wegen der schmalen Wendeltreppen beschwerlich. Hervorzuheben sind die klangvolle **Ladegast-Orgel** und der **Kreuzaltar** von 1440. Vom Dom aus biegt man in die Schmiedestraße ein und dann links zur Buschstraße. An der Kreuzung von I. und II. Enge Straße steht ein kleines **Fachwerkhaus** von 1698. Von der Buschstraße biegen wir links zur Schloßstraße ein und erreichen die früheren

6 **Kollegiengebäude** 1825–1834, im antiken Stil von Hofbaurat **Georg Adolph Demmler** erbaut. Heute ist es der Sitz der Staatskanzlei des Ministerpräsidenten und einiger Fachministerien.

7 **Altes Palais** Fachwerkbau von 1799. Ehemaliges Prinzenpalais von Friedrich Ludwig und späterer Witwensitz der Großherzogin Alexandrine.

8 **Alter Garten** Der erste Burggarten entstand auf Sumpfboden vor dem Schloß.

9 **Staatstheater** 1883–1886 im veränderten italienischen Renaissancestil als ehemaliges Hoftheater erbaut.

10 **Staatliches Museum** 1837 als Residenz für Großherzog Paul Friedrich begonnen, war es später Domizil der großherzoglichen Kunstsammlungen. Das Museum birgt gegenwärtig die größte Gemäldesammlung holländischer Maler des 17. Jahrhunderts.

11 **Schloß** Am Standort früherer slawischer Fürstenburg errichtet und immer wieder zerstört, existierte ab 1358 eine befestigte Burg, die immer weiter umgebaut wurde. Herzog Johann Albrecht I. begann im 15. Jahrhundert den größten Neuaufbau, aus dem im 17. Jahrhundert ein Repräsentationsschloß entstand, das die Hofbaumeister Demmler, Stüler und Willebrand zwischen 1843 und 1857 mit Türmen, Zinnen und Terrakotten meisterlich vollendeten. Die Architektur zeigt verschiedene Mischstile, orientierte sich aber am Vorbild des französischen Loire-Schlosses Chambord. Zugang hat man zum Schloß durch den Eingang am Burggartenportal. Thronsaal, Ahnengalerie und einige herzogliche Gemächer sind originalgetreu restauriert.

12 **Schloßgarten** erreichbar vom Burggarten aus über die frühere Drehbrücke. Der barocke Garten mit dem Reiterstandbild des Großherzogs Friedrich Franz II., seinen Laubengängen und Kreuzkanälen zeigt die Eleganz französischer Gartenarchitekten. Beim Rückweg zum Schloß biegen wir am Alten Garten zur Werderstraße rechts ein und gehen an den Anlegestegen der Weißen Flotte vorüber.

13 **Marstall** Auf Moorboden, mit Pfählen unterlegt, errichtete Demmler 1838 bis 1843 die Gebäude der ehema-

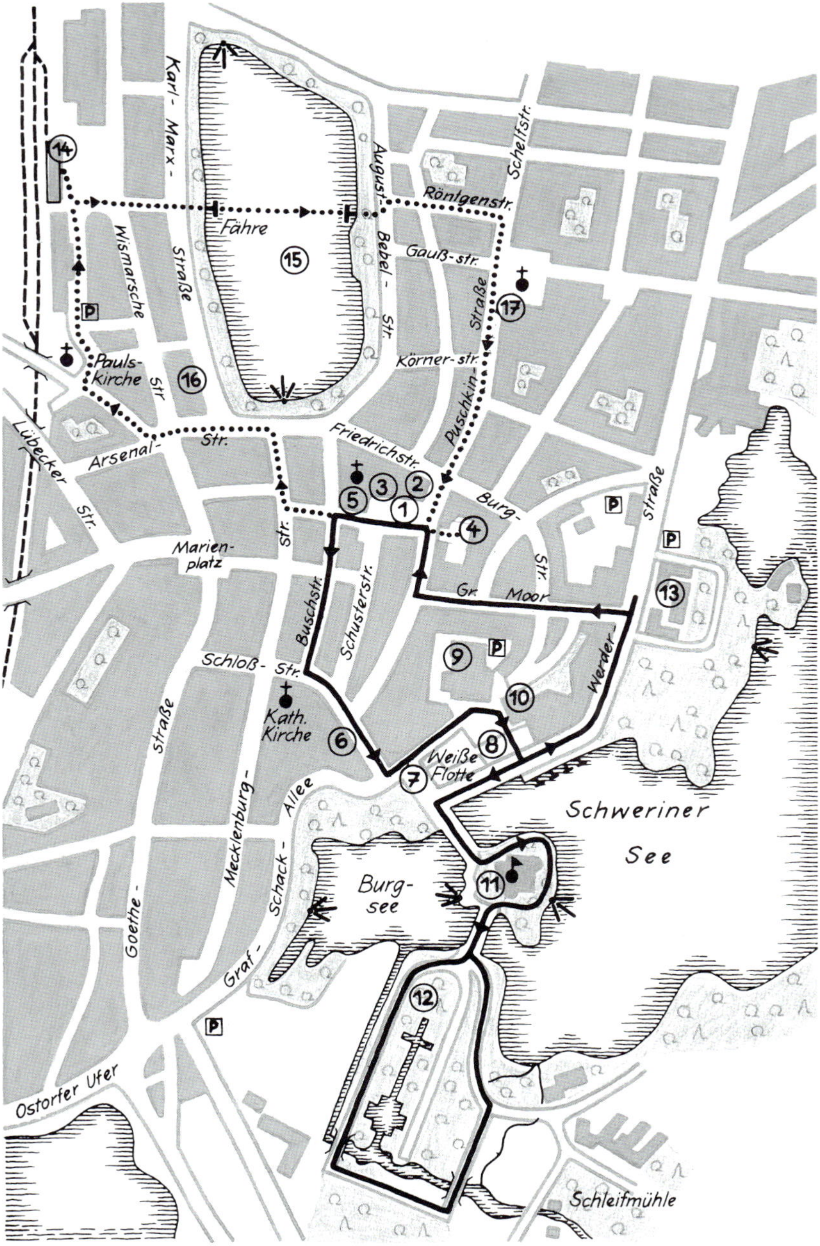
Karl-Marx-
Straße
Wismarsche
Fähre
August-Bebel-Str.
Röntgenstr.
Schelfstr.
Gauß-str.
Puschkin-Straße
Körner-str.
Pauls-kirche
Str.
Lübecker Str.
Arsenal-Str.
Friedrichstr.
Burg-Str.
Marien-platz
Str.
Buschstr.
Schusterstr.
Gr. Moor
Straße
Werder-
Schloß-Str.
Kath. Kirche
Weiße Flotte
Schweriner See
Burg-see
Mecklenburg-
Straße
Goethe-
Graf-Schack-Allee
Ostorfer Ufer
Schleifmühle
P
1
2
3
4
5
6
7
8
9
10
11
12
13
14
15
16
17

Blick über die Stadt Schwerin

ligen großherzoglichen Pferdeställe und Remisen. Wir überqueren dort die Werderstraße und gehen über den **Großen Moor**, einem alten Schweriner Wohngebiet, rechts abbiegend zum Altstädtischen Markt zurück.

**Erweiterungsempfehlung zum Stadtrundgang:**

14 **Vom Bahnhof** (1888/89 errichtet) schreitet man über den Grunthalplatz. Hier steht eine eindrucksvolle Brunnenplastik von Prof. Berwald „Rettung aus Seenot".

15 **Pfaffenteich** Nach Überquerung der Wismarschen Straße geht man durch die kleine Straße „Zum Bahnhof" abwärts zum Pfaffenteich, einem ehemaligen Mühlenteich. Die Personenfähre „Petermännchen", seit 1879 in Betrieb, nutzt man zur Überfahrt.

16 **Arsenal** Beim Übersetzen hat man einen schönen Blick auf den Dom und das 1840–1844 im florentinischen Palaststil errichtete Arsenal, derzeit Sitz des Innenministeriums. Nahe der Anlegestelle am anderen Ufer steht ein Denkmal **Heinrich Schliemanns**, Entdecker des antiken Troja. Er war gebürtiger Mecklenburger und stammt aus der Kleinstadt Neubukow (→ Tour 11 f).

17 **Schelfkirche** Von der Anlegestelle aus überquert man die August-Bebel-Straße und gelangt durch die Gaußstraße zur **Schelfstadt**, die bereits 1705 als „Neustadt" Schwerins bezeichnet wurde. Die **Schelfkirche** (1708–1713 erbaut) ist ein Barockbau,

Nachfolger der seit 1238 dort befindlichen Nikolaikirche. In der Gruft der Schelfkirche wurden Angehörige des großherzoglichen Hauses beigesetzt. Wir benutzen nun die Puschkinstraße in Richtung Altstadt und bewundern viele alte **Fachwerkhäuser**. Besonders interessant auf diesem Wege sind zwei Gebäude, die **Ersparnisanstalt** nahe der Schelfkirche und das **Neustädtische Palais** im Stil der französischen Spätrenaissance. Man kreuzt die Burgstraße und die Friedrichstraße, deren Verlauf den früheren Schutzwall und Wallgraben um die Altstadt markieren. Nach wenigen Schritten wird der **Altstädtische Marktplatz** erreicht.

**Kulturgeschichte** Schon den Stammesverbänden einiger germanischer und slawischer Völkergruppen müssen diese Siedlungsplätze zugesagt haben. Wälder, Seen, Flußläufe und Sümpfe boten durch ihren Pflanzen- und Tierreichtum genügend Nahrung, gaben Schutz und Sicherheit gegenüber eindringenden Feinden. Die um 600 u. Z. von Osten einwandernden Völker der Wenden mit den Stämmen der **Obotriten** und **Luitizen** errichteten in dieser Region ihre Wasserburgen auf hoch aufgeschütteten Burgwällen in den Sumpfniederungen zwischen Ostsee und Seenkette. Der Wildreichtum mag Veranlassung gewesen sein, den Ort als **zuarin**, gleichbedeutend mit einem Bereich vieler Tiere, zu benennen. Die heutige Schloßinsel am Burgsee in Schwerin war bereits im Jahre 1018 eine Burgwallanlage. Diese wurde während der Heerzüge des Welfenherzogs **Heinrich dem Löwen** zur Christianisierung der heidnischen Slawen östlich der Elbe 1160 zerstört, aber bald wieder aufgebaut. Die Reiterfigur des **Fürsten Niclot** in der stadtseitigen Fassadenfront des Schlosses versinnbildlicht diese Epoche. Herzog Heinrich mag die militärstrategisch günstige Lage veranlaßt haben, im gleichen Jahr die Stadt Schwerin zu gründen und das bis dato auf der Burg Mecklenburg ansässige Bistum 1167 nach hier zu verlegen. Es entstand die **Grafschaft Schwerin**, die bis 1358 existierte.

Die Hauptresidenz der Schweriner Bischöfe befand sich von 1239 bis 1540 in Bützow. Der Dreißigjährige Krieg verschonte Schwerin nicht und 1651 brannte fast die gesamte Altstadt ab. Schwerin wurde 1705 durch Ausbau der Schelfvorstadt zur **Neustadt** baulich erweitert. Erst in der ersten Hälfte des 19. Jahrhunderts erfolgte die Errichtung repräsentativer Gebäudekomplexe und die Aufwertung Schwerins zur **Residenzstadt**.

Bis 1918 blieb Schwerin Residenzstadt des **Großherzogtums Mecklenburg – Schwerin** und dominierte auch nach dem Ersten Weltkrieg und bei Zusammenschluß mit Mecklenburg-Strelitz 1934 als Regierungssitz. Nach der Gründung der DDR wurde die Landeshoheit aufgehoben und erst 1990 wieder erreicht. Obwohl Schwerin im Zweiten Weltkrieg kaum Zerstörungen erlitt, verfielen große Teile der Stadt, wurde historisch wertvolle Bausubstanz abgerissen und durch Betonplattenbauten ersetzt. Mit Geduld und Feingefühl muß diese schöne norddeutsche Stadt in ihrer erhaltenen Grundsubstanz saniert werden.

**Erdgeschichte** Die Landeshauptstadt Schwerin liegt westlich des Schweriner Sees im Bereich mehrerer eiszeitlicher **Abflußrinnen** in der flachwelligen **Grundmoränenlandschaft**, umgeben von neun größeren Seen im Stadtgebiet. Westwärts verläuft ein zungenförmiger breiter Sander oberhalb des Neumühler Sees bis in den Raum südlich von Gadebusch. Südlich liegt die Endmoränenkette der **Äußeren Baltischen Haupt-**

**endmoräne** des Frankfurter Stadiums, die von mehreren Abflußrinnen in N-S-Richtung durchbrochen wird. Östlich vom Pinnower See breitet sich unterhalb der **Seenstaffelzone** zwischen Crivitz und dem Bereich des Barniner Sees ebenfalls ein breites **Sandergebiet** aus, in dem der Oberlauf der Warnow fließt.
**Schweriner See** → Tour 18

**Pflanzenwelt** Schwerin ist durch seinen Reichtum an natürlichen Gewässern und Waldbereichen, die begehbaren Uferrandzonen, Kanäle und Niedermoorstandorte eine Großstadt im Grünen. Sowohl zwischen der Innenstadt und Zippendorf als auch vom Ostorfer zum Neumühler See oder zum Schelfwerder ziehen sich langgestreckte naturparkartige Landschaftszonen von besonderem Reiz entlang. Sogar Naturschutzgebiete sind hier integriert. Der das Schloß umgebende **Burggarten**, angelegt vom Landschaftsarchitekten **Joseph Lenné**, ist mit vielen ausländischen Gehölzen eine botanische Kostbarkeit. Selbst in der dort seit 1852 angelegten Grottengruft lebt eine eigene Pflanzenwelt. Im Burg- und Schloßgarten stehen herrliche Platanen, Flatter-Ulmen, Trauerbuchen, Hemlocktannen, Ginkgo und alte Eichen. Am Ufer wachsen Sumpfzypressen.

**Tierleben** Sowohl auf dem Schweriner See als auch auf den innerstädtischen Gewässern tummelt sich das **Wassergeflügel**. Röhrichte und Feuchtgebiete im stadtnahen Bereich ermöglichen auch Vertretern von Lurcharten gute Lebensmöglichkeiten. Sehr zu empfehlen ist Tierfreunden ein Besuch des landschaftlich schön gelegenen Zoos.

Tour 28

# Über den Schweriner Innensee nach Kaninchenwerder

---

**Anfahrt**
Straßenbahnlinien 1 und 2 ab Hauptbahnhof bis Zippendorf
🚗 B 321 in Richtung Crivitz bis Zippendorf mit **P** am Strand
🚲 Vom Schloß über Lenné-Allee, Uferweg über Zoo nach Zippendorf
⛴ ab Anlegestelle Werderstraße (vor Museum) mit Fahrgastschiff über Zippendorf

**Wanderstrecke** und **Profil** ebene Strecke am Ufer des Schweriner Innensees, bis Zippendorf 5 km / 1,5 Stunden

**Rast** Strand Zippendorf, Bademöglichkeit

**Einkehr** Gaststätten Strandpromenade Zippendorf, Lokalität auf Kaninchenwerder

**Quartier** „Strandhotel“, „Kongreßhotel Fritz Reuter“ Zippendorf

---

Kaninchenwerder ist eine kleine Insel im Schweriner Innensee, etwa 2 km vom Stadtkern entfernt. Sie ist nur mit Fahrgastschiffen der Weißen Flotte über **Zippendorf** zu erreichen (Mai bis Oktober). Die **Insel Kaninchenwerder** ist ein beliebtes Ausflugsziel. Sie ist 33 ha groß und besitzt auf Grund ihres **Naturschutzstatus** noch einen relativ ursprünglichen Gesamtzustand. In der Nähe der Anlegestelle befindet sich ein **Gartenrestaurant**. Ausgebaute Waldwege gestatten von hier aus eine schöne **Rundwanderung**. Der 1895 errichtete **Aussichtsturm** mit einer Ausstellung zur Naturschutzarbeit auf der Insel ist für einen Besuch zu empfehlen. Man sollte die Wege nicht verlassen. Sie führen teils auf dem oberen Plateau

Weiße Flotte auf dem Weg nach Kaninchenwerder

an Steilhanglagen entlang. Die **Inselvegetation** des Großgrüns hat parkähnlichen Charakter mit sehr altem Baumbestand. Man kann hier überall rasten und verweilen. Zurück kommt man mehrmals täglich mit dem Schiff über Zippendorf bis zum Burgsee Schwerin.

**Kulturgeschichte** Der Name Kaninchenwerder stammt schon aus dem 14. Jahrhundert, als man dort **Wildkaninchen** aussetzte und diese bejagte. Der feste Boden (Beckenton) bot den Tieren jedoch schlechte Möglichkeiten, ihre Röhrenbauten unterirdisch anzulegen, so daß man später auf dem Terrain Ackerbau betrieb. Auch nutzte man den Ton vom Ende des 16. Jahrhunderts bis zum Jahre 1851 für die **Ziegelproduktion**. Die Nachbarinsel Ziegelwerder weist gleichfalls auf diesen Erwerbszweig hin.

**Erdgeschichte** Die Inseln Kaninchenwerder und Ziegelwerder sind **Aufblockungen** der **Grundmoräne** vor einer Eisrandlage der Frankfurter Staffel aus der Weichsel-Eiszeit mit Beckentoneinlagerungen. Die **Endmoräne** beginnt zwischen Mueß und dem Stadtteil Großer Dreesch. Kaninchenwerder wird fast rundum von einer **Seeterrasse** umgeben. In nachglazialer Zeit veränderten Eispressungen und entstehende Strandwälle die Uferzonen.

**Pflanzenwelt** Es existiert ein typischer **Perlgras-Buchenwald** aus Rot- und Weiß-Buchen, Berg- und Feld-Ulmen mit Alpenjohannisbeeren in der Strauchschicht. Im Frühjahr ist es hier besonders schön, wenn Buschwindröschen, Scharbockskraut und Waldzwenke die Krautflora beherrschen. Frühere **Waldviehweide** ließ alte **Hudewaldbäume** und gestutzte Weißbuchenstöcke entstehen. In den Tieflagen stocken Schwarz-Erle, Gemeine Esche, Flatter-Ulme, von Weiden und Großseggengesellschaften begleitet. Kreuzdorn, Vogelkirsche und Wildobstarten bereichern die Naturausstattung.

**Tierleben** Die Ost- und Südseite der Insel umgibt ein schmaler Röhrichtgürtel. Dieser bietet besonders dem Wassergeflügel (Schwäne, Tafel-, Stock-, Reiherenten, Bläßhühnern) Ruhezonen und Nahrungsquellen. Auch ein Seeadler errichtete 1993 einen Horst und brütete hier. Leider verendete das Jungtier.

# Kaffeefahrt nach Zippendorf und Mueß

**Anfahrt**

🚌 Linien 121, 124, 125, 136 ab Hauptbahnhof bis Zippendorf, von Stauffenbergstraße bis Zippendorf oder Mueßer Bucht, Linie 6 bzw. Straßenbahn Linien 1 und 2 bis Zippendorf

🚗 B 321 Richtung Crivitz, **P** am Strand in Zippendorf und Ortslage Mueß

Backofen in Mueß

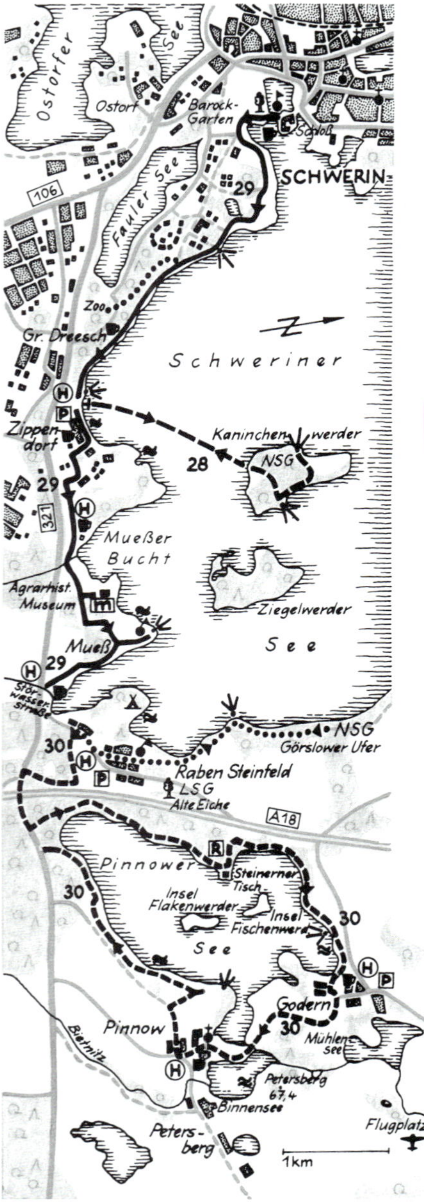

🚲 Uferweg von Lenné-Allee über Zoo

⛴ Fahrgastschiffe der Weißen Flotte von Werderstraße am Schloß

**Wanderstrecke** und **Profil** ebene Uferwege am Schweriner Innensee, etwa 6 km / 1,5 Stunden

**Orientierung** ausgeschildert

**Rast** Zoologischer Garten am Großen Dreesch, Strand Zippendorf, Bademöglichkeiten (Zippendorf, Waldbad am Reppin)

**Einkehr** Gaststätten in Zippendorf und Mueß („Mueßer Bucht")

**Quartier** Kongreßhotel „Fritz Reuter" und → Schwerin-Information

---

Die **Seebuchten** von **Zippendorf** und **Mueß** gehören zu den landschaftlich reizvollsten Bereichen im Südosten der Landeshauptstadt Schwerin. Eine **Kaffeefahrt** nach Zippendorf, ein **Sonnenbad** am dortigen Sandstrand oder ein erholsamer **Spaziergang** nach Mueß oder Raben Steinfeld gehörten deshalb schon seit mehr als hundert Jahren zum Wochenendprogramm der Schweriner und ihrer Feriengäste. Seit 1879 gibt es das **Strandbad Zippendorf**. In historisch jüngerer Zeit entstand hinter den Seeterrassen auf dem hohen Moränenkamm das attraktive große Wohngebiet des **Großen Dreesch** mit dem 1964/65 erbauten 138 m hohen **Fernsehturm**. Eine ganze Reihe gastronomischer Einrichtungen, vom Hotelkomplex bis zum Gartenrestaurant, garantieren einen angenehmen Aufenthalt in Naturnähe. Momentan ist das Fernsehturmcafé in 98 m Höhe geschlossen. Es ist zu hoffen, daß der herrliche Rundblick von hier auf die Seen- und Waldlandschaft um Schwerin bald wieder möglich ist.

Wer die naturbelassenen Uferzonen von Zippendorf bis zum Görslower Ufer erwandert, wird gewiß begeistert sein.

Vom Zippendorfer Strand führt uns der Uferweg in Richtung der Ortschaft Mueß. Nur die dreieckige **Landzunge** des **„Reppin"** mit der Badeanstalt trennt die beiden Buchten voneinander. In Mueß gab es früher ein großherzogliches Domänium, und im Dorf lebten vorwiegend Bauern und Büdner. Auf unserem Spazierweg kommen wir am 1970 errichteten **Agrarhistorischen Freilichtmuseum** Mueß vorüber. Der Museumskomplex besteht aus elf alten Bauernhäusern mit Wirtschaftsgebäuden aus dem 18. und 19. Jahrhundert. An der **Mueßer Pforte**, einem eiszeitlichen Durchbruch der Schmelzwasser, erreichen wir den südlichsten Zipfel des Schweriner Sees.

**Tourenerweiterung**

Wer etwas mehr Zeit mitbringt und eine **Fußwanderung** vom Schloßbereich bis **Zippendorf** (etwa 5 km) nicht scheut, dem sei folgendes Zusatzprogramm empfohlen. Man durchquert den Barockgarten oder folgt dem Uferweg mit den Sumpfzypressen am Ufer des Burgsees (Markierung: blauer Balken), vorüber am sumpfigen **Karauschensee** und der Badeanstalt. Der langgestreckte **Faule See** und das Wohngebiet Großer Dreesch bleiben südlich der Route; an der Ostflanke des Geländes beginnt der 25 ha große **Zoologische Garten**, der mit seinen 150 Tierarten und alten Gehölzbeständen zum Besuch einlädt. Von hier aus ist es dann nicht mehr weit bis zum Strandbad Zippendorf, und Kaffee und Kuchen schmecken dann noch besser. Wer unterwegs eine Rast einlegen will, dem sei am Ausfluß des Faulen Sees die alte **Schleifmühle** zur Besichtigung empfohlen, ein einmaliges technisches Denkmal. Bereits 1705 als Lohmühle betrieben, diente sie später (1755) zum Sägen, Schleifen und Polieren von Gesteinsplatten, die zum Bau repräsentativer Bauten benötigt wurden.

# Von Raben Steinfeld ins Wochenendparadies der Schweriner zum Pinnower See und bis zur Oberen Warnow

**Anfahrt**
🚌 Linien 121, 124, 125, 136 ab Hauptbahnhof, Linie 6 ab Stauffenbergstraße bis Raben Steinfeld, Straßenbahn Linie 1 und 2 zur Stauffenbergstraße ab Marienplatz
🚗 B 321 Richtung Crivitz bis Abzweig Raben Steinfeld, **P** in der Ortslage Raben Steinfeld
**Wanderstrecke** und **Profil** hügelig, waldreiches Gelände mit teilweise sehr alten Baumbeständen. Wege gut, teilweise feucht. Steilhanglagen und Abbruchkanten. Rundkurs je nach Streckenwahl 8–12 km, 3–3,5 Stunden
**Orientierung** → Tourenkarte S. 106
**Rast** Rastplatz „Steinerner Tisch" am Pinnower See, Godern Bademöglichkeit
**Einkehr** Gaststätte „Bietnitz-Klause" Raben Steinfeld

Die Tour beginnt in **Raben Steinfeld** und kann als Rundwanderung um den **Pinnower See** oder als Streckenwanderung bis Vorbeck oder Gneven mit Busrückfahrt absolviert werden. In Raben Steinfeld empfiehlt sich ein Abstecher durch das Dorf bis zur **Forstschule**. Dabei fallen einige Gebäude durch ihren fremdländischen Baustil auf (englischer Landhausstil 1865).
Wir gehen zur Wendestelle der Buslinie zurück und weiter geradeaus bis zur B 321 und an deren Rand 250 m in Richtung Crivitz weiter. Kurz hinter der Autobahn-Abfahrt Schwerin Süd biegt man nach links in den Waldweg ein und folgt dem Wanderweg am Ufer des **Pinnower Sees**. Nach 2 km Wegstrecke erreicht man eine vorgelagerte Landzunge mit einem **Rastplatz**, dem „Steinernen Tisch". Hier bietet sich ein besonders schöner Blick über den See und zu den beiden Inseln **Fischerwerder** und **Flakenwerder**. Das Westufer wird von den waldbedeckten Moränen und einigen schmalen Schluchten flankiert. An der Nordwestseite gabelt sich der Weg. Wir wenden uns ostwärts und erreichen nach 1,5 km Strecke das **Dorf Godern**.
Nun kann man in Richtung **Pinnow** den Rundweg am Ostufer des Pinnower Sees fortsetzen oder man entscheidet sich für einen Abstecher ins **Obere Warnowtal**. Zwischen Godern und Pinnow liegen kleinere Seen (Mühlensee, Binnensee) – ehemalige Toteiswannen. Die **Pfarrbucht** bei Pinnow hat eine besonders schöne Lage. Am Binnensee und am Südostufer des Pinnower Sees gibt es in der Nähe der Bungalowsiedlung schöne **Badestellen**.

**Hinweis** Östlich vom Mühlensee liegt am Weg zwischen Neu Godern und dem 68 m hohen **Petersberg** ein kleiner **Segelflugplatz**.

**Kulturgeschichte** Der kleine Ort **Pinnow** wird bereits 1265 erwähnt. Der slawische Begriff deutet auf die Lage des Ortes am See hin. Die Backsteinkirche datiert aus dem 14. Jahrhundert. Seit vielen Jahren ist diese Landschaftsregion ein traditionelles Erholungsgebiet der Schweriner.
Das Gebäude der **Forstschule** (Neogotik) war ursprünglich ein großherzoglicher Sommersitz.

**Erdgeschichte** Die **Stör** verläuft in einer **Durchbruchspforte** durch die Äu-

Schöne Wildnelken sind sonneliebende Wiesenpflanzen

ßere Baltische Hauptendmoräne aus dem Schweriner See. Eine zweite Pforte (Bietnitz-Pforte) erstreckt sich im Gebiet der Ortslage Pinnow, wo ausströmende gewaltige Wassermassen der Randbereiche eiszeitlicher Gletscher die Erdmassen des Untergrundes ausspülten. Ergebnis waren die Seen dieses Landschaftsbereiches, mit dem relativ tiefen **Pinnower See** und den östlich gelegenen kleineren Gewässern. Südlich der **Frankfurter Moränenstaffel** lagern gewaltige **Sander**. Hier trafen vermutlich die Wassermassen beider Ausströmungspforten zusammen und ergossen sich in die **Lewitzniederung**.
Die **Warnow** entspringt nahe der Kreisstadt Parchim. Sie schlängelt sich in ihrem Flußbett 140 km bis Rostock entlang.

**Pflanzenwelt** Schöne **Eichen-Buchen-Mischwälder** gibt es um den Pinnower See und auf den Hanglagen der Moränen im oberen Warnowtal, durchsetzt in Uferzonen von **Erlen-Eschen-Bruchwäldern** mit Großseggenrieden. Östlich vom Pinnower See stocken auf den Sanderflächen **Kiefernforste**.
Sonnige Südhänge zeigen Flächen mit Magerrasen. Hier finden sich Sandstrohblume, Jasione, Hasenklee, Scharfes Berufkraut und Rundblättrige Glockenblume, zusammen mit dem Kleinen Habichtskraut und dem Silbergras. Nahe Raben Steinfeld am **Görslower Ufer** sind die imposanten Steilhänge für botanisch interessierte Besucher eine besondere Augenweide. Der Naturschutzstatus dieses Gebietes ist zu beachten!

**Tierleben** In den Waldbereichen gibt es viel Reh-, Schwarz- und Raubwild. Feuchtbiotope und freie Wasserflächen des Sees bieten dem Wassergeflügel gute Brutplätze und ausreichendes Nahrungsangebot. An sonnigen Hängen gibt es manche seltene Insektenart.

Tour 31

# Eine Rundwanderung von Crivitz um den Barniner See

**Anfahrt**

Schwerin – Parchim

Linien 120, 121, 124 und 125 im Fernverkehr von Schwerin ab Hauptbahnhof

B 321 von Schwerin (10 km), **P** am Marktplatz Crivitz

Die Rundtourwege sind teilweise nicht befahrbar

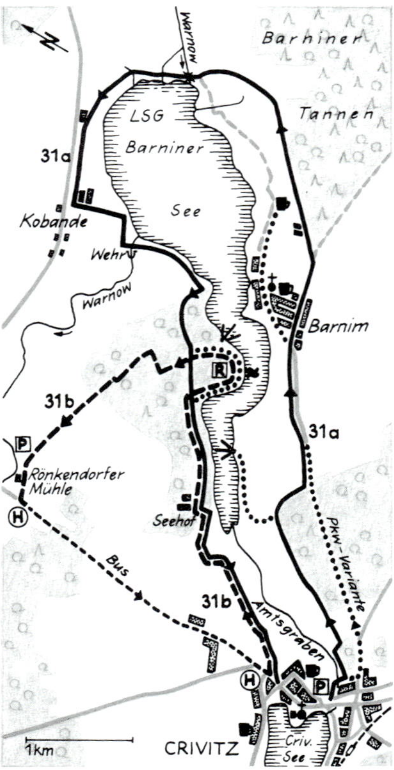


**Wanderstrecke** und **Profil** leicht hügeliges Gelände mit Wald und freien Wiesen, zumeist gute sandige, trokkene Wege, Tour 31 a 20 km / 6 Stunden, Tour 31 b 5 km / 1,5 Stunden

**Orientierung** → Tourenkarte, Weg teilweise ausgeschildert

**Rast** Badeanstalt in Barnin oder am Ufer des Barniner Sees

**Einkehr** Gaststätten „Stadt Crivitz", „Am Bahnhof" in Crivitz, „Kiek in" in Barnin

Tour 31 a

**Um den Barniner See**

Wir starten die Rundwanderung am **Marktplatz** in **Crivitz**. Über die Fritz-Reuter-Straße und Mauerstraße folgen wir dem Weg zum **Amtsgraben**. Dieser Bach fließt über Settiner See, Militzsee und Crivitzer See in den Barnitzer See. Wir überqueren den Bachlauf an der kleinen Brücke. Nun wandern wir nach links schwenkend am Waldrand des **Eichholzes** auf dem Weg weiter. Bald erreichen wir den zungenförmigen schmalen Teil des **Barniner Sees**. Hier beginnt das Zentrum des **Landschaftsschutzgebietes**. Die Uferzonen am Amtsgraben und am See sollten zum Schutz der Feuchtzonen nicht betreten werden. Hier wachsen noch eine Reihe geschützter Pflanzenarten. In **Barnin** ist erste Rastmöglichkeit, am See ist eine Badestelle vorhanden. Man durchquert den Ort und folgt dem Wanderweg links am großen Waldgebiet der **Barniner Tannen** entlang bis zur Abzweigung in Richtung des Warnowverlaufs und der Ortschaft **Kobande**. Dort hat man ungefähr die Hälfte der Wanderroute absolviert (10 km). Vorher überqueren wir den Lauf der **Alten Warnow** und ihr neues kanalisiertes Flußbett kurz vor ihrem Einlauf in den breiten Ostabschnitt des Barniner Sees. In Kobande biegt man links in Richtung zum See ab bis zum **Wehr**, wo die Warnow den hier 250 m breiten Barniner See wieder verläßt. Ein Stück geht es am Ufer entlang, an Wiesen vorüber und dann durch den Wald. Hier führt der Weg nach Crivitz zurück.

Tour 31 b

### Vom Barniner See zur Röntgendorfer Mühle

Wie Tourenbeginn 31 a, aber wir überschreiten am Amtsgraben nicht die Brücke, sondern gehen geradeaus parallel zum Bach. Bei Erreichen des Waldes schwenkt man rechts zum Ufer ab und geht unterhalb der Böschung weiter. An der vorgeschobenen Landzunge des schmalen Seeabschnittes befindet sich eine Badestelle. Von hier aus geht man durch den Wald und erreicht nach etwa 2 km Wegstrecke die Röntgendorfer Mühle und den Flußlauf der **Oberen Warnow**. Von hier aus sind es nur wenige hundert Meter bis zur Landstraße und dem Örtchen Warnowhof.
Hier besteht Rückfahrmöglichkeit mit dem Bus nach Crivitz.
Die **Warnow** fließt in Richtung **Gädebehn** durch eingegrabene **Tieftalformen** mit herrlichen bewaldeten Hanglagen recht zügig über Moränenschotter wildbachähnlich nach Nordwesten weiter.

**Kulturgeschichte** Die erste urkundliche Erwähnung des Ortes **Crivitz** datiert aus dem Jahre 1302. Der ursprünglich slawische Siedlungsplatz ist jedoch wesentlich älter und geht auf eine **Burganlage** der Schweriner Grafen (1251–1279) zurück. Diese mittelalterlichen Wehranlagen sind durch Brände (1660 und 1704) und Kriegswirren in dieser Zeit völlig zerstört worden. Das ursprüngliich in der Marktmitte gebaute **Rathaus** brannte ebenfalls 1704 ab. Bescheidenen Wohlstand erlangte die Kleinstadt durch Handwerkszünfte (Töpfer, Tuch- und Schuhmacher). Die backsteinerne **Stadtkirche** wurde im 14. Jahrhundert errichtet und im 19. Jahrhundert erheblich baulich umgestaltet. In der ersten Hälfte des 19. Jahrhunderts wurde in der Region **Wein** angebaut. Crivitz gilt klimatisch als **Wärmeinsel** im norddeutschen Raum.

**Erdgeschichte** Crivitz liegt im unmittelbaren Grenzbereich der **Äußeren Baltischen Hauptendmoräne** (Frankfurter Staffel) mit nördlichen Steilhanglagen abgelagerter Moränen. Diese wurden durch eine südwestwärts verlaufende **Abflußrinne** in Richtung zur **Lewitz** durchbrochen und mit gewaltigen Sandpackungen durch die Schmelzwasser der Gletscher ausgestattet. Das sind die **Sülsdorfer** und **Crivitzer Sander**. Crivitzer See und Barniner See sind **Rinnenseen** dieser Ausspülungs- und Schwemmzone. Die **Warnow** folgt dieser Talsohle kurzzeitig, biegt dann aber nach Verlassen des Barniner Sees nordwestwärts ab und durchbricht die Sander der Bietnitz-Schmelzwasserrinne. Der Flußlauf ist jedoch vor dem Barniner See mehrfach künstlich reguliert worden.

**Pflanzenwelt** Crivitz ist eine sogenannte Wärmeinsel. Dort wachsen besonders viel **wärmeliebende Pflanzen,** wie Sonnenröschen, Schillergras, Heilbetonie, Ohrlöffelleimkraut und kalkliebender Wiesen-Salbei. In den Sandergebieten wächst der Trockenheit verträgliche Blauweiderich neben dem Harzlabkraut.

**Tierleben** Im Bereich der Seeröhrichte dominiert das Wassergeflügel. Auch Greifvögel beobachtet man recht häufig über freien Ackerflächen und am Waldrand. In warmen Südlagen lebt auf blütenreichen Trockenrasen eine vielfältige Insektenwelt.

# Westliches Hügelland mit Stepenitz und Radegast

In der naturräumlichen Gliederung gehört dieser Landschaftsbereich zum Höhenrücken mit der Westmecklenburgischen Seenlandschaft. Das Gebiet grenzt im Westen an das Schaalseebecken, östlich an das Schweriner Seengebiet, und im Norden verläuft das Nordwestliche Hügelland mit dem Klützer Winkel und der Wismarbucht, durch die beiden Hauptendmoränenzüge in SO-Richtung. Am Höhenrücken verläuft auch die Wasserscheide zwischen Ostsee und Nordsee. Südwärts schließen sich in der kargen „griesen Gegend" die großen Sandergebiete mit Zwergstrauch- und Moorheiden an. Nordwärts entwässern die kleinen Flüßchen Stepenitz und Radegast die Talformen, die von landschaftlich schön gelegenen Rinnenseen geprägt sind. Das westliche Hügelland ist wenig bewaldet. Die Böden werden agrarwirtschaftlich genutzt. Die Region besitzt aber ihren eigenen Reiz durch den Reichtum an Straßenalleen, Feldgehölzen, Hecken und zahlreichen kleineren stehenden Gewässern, die das Landschaftsbild vielgestaltig prägen. Wenig zersiedelte Räume laden besonders zum Wandern ein.

Tour 32

## Gadebusch – die Stadt an der alten Salzstraße

**Anfahrt**

🚆 Nebenstrecke von Schwerin nach Rehna

🚗 Von Schwerin B 104 (25 km), von Ratzeburg B 208 (24 km), von Wismar B 208 (30 km), von der Autobahn A 24 über Wittenburg erreichbar, **P** an der Post und unterhalb der Kirche ausgewiesene Parkflächen

**Wanderstrecke** und **Profil** ebene bis leicht hügelige Strecken, am Burgsee Quellzonen mit frischfeuchten Lagen

**Rast** Rastplätze am Burgsee und am Schloß

**Einkehr** Gaststätten am Marktplatz und in der Steinstraße

**Quartier** → Fremdenverkehrsverein Gadebusch

---

**Gadebusch** gehört zu den ältesten Städten Mecklenburgs und erhielt bereits 1225 das Stadtrecht. Ihre Bedeutung erlangte die Stadt als **Teilresidenz Mecklenburger Herzöge** und als Kreuzungspunkt der **Salzstraßen** von Lübeck nach Schwerin und Lüneburg – Mölln – Ratzeburg nach Wismar. Die Bundesstraße B 208 verläuft noch heute so.
Gadebusch wurde erstmalig 1154 als **Godebuz** benannt. Der Siedlungsplatz ist jedoch erheblich älter. Ein slawischer **Burgwall** aus dem 8. Jahrhundert (heutiger Schloßberg) kennzeichnet seine strategisch wichtige Lage. Im Zuge der Christianisierung der ostelbischen Slawen wurde die Stadt 1181 völlig zerstört. **Postlinien** von Hamburg nach Rostock und Lübeck nach Schwerin verliefen zwischen 1674 und 1678 über Gadebusch. Der dürftig geschaffene Wohlstand der Stadt

Die alte Dorfkirche in Vietlübbe ▷

wurde wiederum um 1712 vernichtet, als bei **Wakenstädt** (3 km südlich von Gadebusch) die größte Schlacht des **Nordischen Krieges** ausgetragen wurde. Erst nach 1900 erfolgten industrielle Ansiedlungen. Die 1897 errichtete **Bahnlinie** wurde nicht bis Lübeck geführt, um die Region an Schwerin zu binden.

**Stadtrundgang**
Vom **Bahnhof** folgt man dem Fußweg zum **Burgsee**, der von Auwald-Relikten eingerahmt wird und den Blick auf die höher gelegene Stadt bietet. Über die Burgseebrücke steigt man zum **Schloßberg** auf, der noch Reste einer früheren slawischen **Burgwallanlage** zeigt. Das **Schloß** ist ein Renaissancebau mit einer Fassadengestaltung durch Terrakotten im italienischen Stil des 16. Jahrhunderts, ähnlich dem Fürstenhof in Wismar und dem Schweriner Schloß. Der Gadebuscher Schloßbau wurde 1570–1571 für Herzog Christoph (Bischof von Ratzeburg), einem Bruder des Regenten, erbaut. Die Fensterfriese und Portale sind reich figürlich ausgestattet. Bis 1620 war das Schloß herzoglicher Sitz. Später fungierte es als Amtsgebäude und Schulinternat. Durch die Amtsstraße kommt man zum dreieckigen **Marktplatz** mit dem 1340 errichteten **Rathaus**, dessen Giebel und Laube 1618 im Renaissance-Stil neu gestaltet wurde. Rückseitig zur Kirche befindet sich das älteste Wohnhaus der Stadt (1580), die **Ratsdiener-Wohnung**. Hinter dem Rathaus folgen wir der Lindenallee zur dreischiffigen **Hallenkirche** (erbaut 1210 bis 1230). Es ist die **zweitälteste Kirche Mecklenburgs**, mit mannshohen Granitfundamenten (frühromanischer Teil 1220, gotischer Teil um 1400). Im Inneren der Kirche betrachten wir besonders das große Radfenster aus Bronzeguß an der Westseite. Gehen wir abschließend in die Nebenstraßen um den Markt, so fallen alte **Fachwerkhäuser** mit schönen alten Hausgiebeln auf.

**Erdgeschichte** Die Landschaft um Gadebusch gehört zur Nordwestmecklenburgischen Hügel- und Seenlandschaft. Kommt man von Wismar auf der B 208 nach Gadebusch, so durchbricht die Straße die nördlichen Moränenketten, der Rückzugs- und Seenstaffelzone des Frankfurter Stadiums, die mit Buchenwald und Bruchwald bedeckt sind. Die Höhen liegen hier bei 70 m.
Der **Burgsee** wird von der **Radegast** durchflossen, die nördlich von Wakenstädt in einer moorigen Niederung ihren Ursprung hat.

**Pflanzenwelt** Besonders schön ist die Bruchwaldreliktvegetation am Burgsee mit dem Gefleckten Aronstab. Nordöstlich der Bahnstrecke stockt auf den flachwelligen Hügeln der Grundmoränen sehr schöner Laubmischwald mit moorigen Senken. Im Frühjahr bedecken Blütenteppiche vom Scharbockskraut den Waldboden. Seine gelben sternförmigen Blüten kontrastieren mit dem leuchtenden Weiß der Buschwindröschen. In den Randzonen begleiten Strauch- und Heckenbereiche das Waldgebiet, wo besonders Weiß- und Schlehdorn, Holunder, Faulbaum und Eberesche vorkommen und in die nördlich davon angrenzende Ackerlandschaft mit den locker eingefügten Feldgehölzen überleiten.

**Tierleben** → Tour 34

**Empfehlung** Die Kreisverwaltung Gadebusch hat einen kleinen Wanderkatalog mit 8 Wanderrouten herausgegeben, der besonders für Radwanderer geeignet ist. Für kulturhistorisch Interessierte seien empfohlen:
→ **Lützow** zu erreichen über die B 104 in Richtung Schwerin bis Abzweig Witten-

burg: Historisches Schloß (1876) mit sehenswerter Parkanlage. 1813 fiel hier während der Befreiungskriege der Dichter Theodor Körner.

→ **Vietlübbe** zu erreichen über die Landstraße, 5 km östlich Gadebusch. Hier steht die älteste romanische Dorfkirche Mecklenburgs (Anfang 13. Jahrhundert). Sie wird gegenwärtig mit Landesmitteln des Kultusministeriums umfassend restauriert. Man erreicht Vietlübbe auch über Gottmannsförde – Drieberg von der Landstraße Schwerin – Grevesmühlen.

Wer zu **Theodor Körner** mehr sehen und wissen möchte, muß von Lützow etwa 3 km nach Rosenow in den Wald wandern. Dort markiert ein Obelisk die Stelle, an der der Freiheitsdichter im Kampf fiel. In Rosenow besteht auch Einkehrmöglichkeit in der Gaststätte „Schützenkönig" und in Lützow in der Gaststätte „Scharfe Kurve".

Tour 33

## Das Stepenitztal zwischen Friedrichsthal und Mühlen Eichsen

**Anfahrt**

🚌 Linie 17 nach Lankow oder Linie 143 nach Mühlen Eichsen, Straßenbahn Linien 1 und 4

🚗 Von Schwerin B 104 Richtung Gadebusch bis Friedrichsthal, von Wismar B 208 über Mühlen Eichsen/Gadebusch zu den Parkflächen an der Lärchenallee in Friedrichsthal

**Wanderstrecke** und **Profil** Die Tallandschaft der Stepenitz ist Landschaftsschutzgebiet mit guter Naturausstattung. Ebene Wegstrecken, an den Rinnenseen mit Steilhängen, Wegstrecke Friedrichsthal bis Mühlen Eichsen 18 km / 6 Stunden

**Orientierung** → Tourenkarte S. 116, Weg teilweise ausgeschildert

**Rast** Hochufer Neumühler See, Stepenitzwehr bei Schönfeld Mühle

**Einkehr** Gaststätten „Waldblick" in Friedrichsthal, „Seeblick" in Cramonshagen, „Stepenitztal" in Mühlen Eichsen

Beginnt die Tour in Friedrichsthal, so geht man vom Parkplatz an der Lärchenallee den Touristenweg am Seniorenheim vorüber zum Ufer des Neumühler Sees.

Man folgt dem Weg nach rechts und bleibt in Seenähe. Am Bahnkörper schwenkt man nach links, überquert die Brücke und erreicht am **Eulenkrug** die B 104. Dort wird die Straße überquert. Dann geht es links ein Stück an der Straße entlang und danach rechts den Landweg mit den schönen Alleebäumen bis **Brüsewitz**. Von dort wird in Richtung Gottmannsförde zur **Stepenitz** gewandert. Kurz vor **Gottmannsförde** kommt man am stark verlandeten **Rehmsee** vorüber. (Von hier aus könnte man über Drieberg nach **Vietlübbe** mit der ältesten norddeutschen Dorfkirche weiterwandern und dann mit öffentlichen Verkehrsmitteln nach Schwerin zurückkehren).

Zum **Cramoner See** ist es von Gottmannsförde nicht weit. Dort besteht Bademöglichkeit und Bootsverleih. Geht man über **Cramonshagen** am Hochufer weiter, so bietet sich um **Schönfeld Mühle** eine einmalige schöne **Naturlandschaft** mit herrlichen Feuchtwiesen. Über schöne Linden- und Kastanienalleen kommt man am linken Ufer der Stepenitz über Schönfeld nach **Groß Eichsen** (hier kann man über den Friedhof zum See gelangen) und **Mühlen Eichsen** mit den sehenswerten alten Kirchen im Tal der Rinnenseen.

Mit dem Bus (Linie 143) kann man nach Wismar gelangen oder man organisiert einen privaten PKW-Abholdienst von Mühlen Eichsen oder Seefeld. Auch von Moltenow bieten sich An- und Abfahrt mit dem Bus von bzw. nach Alt-Meteln und Schwerin (in der Tourenkarte ist diese Wegevariante gepunktet).

**Kulturgeschichte** Mühlen Eichsen ist ein Schnittpunkt von zwei Verkehrsadern zwischen Wismar, Gadebusch, Schwerin und Grevesmühlen. Der Ort wurde bereits 1194 beurkundet und hieß 1283 **„Molnecsen"**. Die Schweriner Grafen verschenkten um 1200 das Dorf an den **Johanniter-Orden**. 1398 werden Dorf und Mühle dem Schwedenkönig Albrecht verpfändet.
Die sehenswerte **Dorfkirche** ist ein gotischer Backsteinbau des 14. Jahrhunderts mit dem schönsten barocken Kanzelaltar Mecklenburgs (1711). Im 2 km südlich gelegenen **Groß Eichsen** steht eine ebenso große frühere Wallfahrtskirche. Sehenswert ist auch die Kirche von Schönfeld Mühle (14. Jahrhundert).

**Erdgeschichte** Der **Neumühler See** ist ein 6 km langer **Rinnensee**, von Gletscherzungen und starkem Schmelzwassergefälle vertieft. Nord- und Ostseite kennzeichnen steile **Abbruchkanten** und Hanglagen. Stauungen durch **Moränenschüttungen** ließen im Nordbereich Quellzonen entstehen. Diese garantieren einen konstanten Wasserpegel. Im Rinnental liegen weitere kleinere Rinnen-

Der Dorfanger von Mühlen Eichsen

seen: Wendelstorfer, Cramoner, Rehmsee, die von der **Stepenitz** durchflossen werden und zum Teil hohe **Steilhänge** besitzen. Der östlich gelegene **Hütterberg** (95 m) ist die größte Erhebung der Moränenketten.

**Pflanzenwelt** Westlich von Friedrichsthal reichen alte **Buchenwälder** bis zum Neumühler See heran. Oberhalb der Hanglagen und Abbruchkanten am Seeufer gibt es Pappelpflanzungen zur Erosionshemmung. Im Flußtal der Stepenitz haben sich neben **Verlandungsröhrichten** und **Seggenrieden** noch artenreiche **Feuchtwiesen** erhalten. Um Schönfeld Mühle und Groß Eichsen findet man noch Breitblättriges Knabenkraut, Gefleckten Aronstab, Kuckucks-Lichtnelke und Sumpfdotterblume. Schöne **Auenwaldbereiche** begleiten den Gewässerverlauf. Die nordöstliche Hügelkette besitzt noch bei extensiver Bewirtschaftung der Nutzflächen gute Halbtrockenrasen. Überall zieren **Laubholzalleen** das Landschaftsbild.

**Tierleben** Die Tierwelt dieses Landschaftsbereiches wird vorwiegend vom Wassergeflügel an den Rinnenseen und in den breiten Verlandungsgürteln beherrscht. Taucher, Enten und Graureiher sind häufig und die Seen sind fischreich. Der Storch findet reichlich Nahrung. In den Feuchtzonen finden Lurche gute Entwicklungsmöglichkeiten, und man sieht auf der Wanderung viele Libellenarten.

Tour 34

## Von Rehna in die Talniederung der Radegast

**Anfahrt**

Endstation der Strecke Schwe-

Deutsches Haus in Rehna

rin – Gadebusch – Rehna

Von Schwerin B 104 Richtung Selmstorf, von Wismar B 208 über Gadebusch, dann B 104 bis Rehna, P am Marktplatz, vor Realschule zur Radegast

gut möglich, jedoch teilweise feuchtfrisch in der Niederung

**Wanderstrecke** und **Profil** Niederungslandschaft mit Feucht- und Fettwiesen, Auenwald und breite Verlandungszonen, relativ naturbelassen, etwa 11 km bis Gadebusch

**Orientierung** → Tourenkarte S. 119, Wegemarkierung roter Balken, teilweise ausgeschildert

**Rast** Benziner Tannen

**Einkehr** Gaststätten in Rehna „Lindenhof“ und Gadebusch am Markt

**Quartier** Hotel „Stadt Hamburg“ am Markt in Rehna

Die Wanderung verläuft in einer relativ naturbelassenen Niederungslandschaft mit Feucht- und Fettwiesen, durch Auenwaldbereiche und entlang breiter Verlandungsgebiete. Die **Radegast** fließt in vielfach gewundenem Bachverlauf langsam durch die sanfte **Tallandschaft** des Feuchtgebietes zwischen den Städten Gadebusch und Rehna in Richtung Nordwesten und mündet bei Börzow in die **Stepenitz**. In dieser Talsenke von 10–12 km Längenausdehnung verlaufen die B104 und die Bahnstrecke auf dem linksseitigen Hang. Nur um die sumpfigen Uferlagen und Verlandungsröhrichte am **Neddersee** macht die Bahnstrecke einen weiten Rechtsbogen in Richtung Rehna.

Wandert man von **Rehna** nach **Gadebusch** im Tal der Radegast, so benutzt man den früheren Gebietswanderweg nach Schwerin (Markierung: roter Querbalken). Kurz hinter der Realschule biegt man rechts in den Weg zur Radegast ein. Die **Radegastfeuchtwiesen** hinter dem Neubaugebiet sind trotz der Nähe des Siedlungsbereiches durch Umsicht botanisch aktiver Umweltschützer noch eine sehenswerte Rarität (→ Pflanzenwelt). Dort, wo die Pflanzenwelt in Ordnung ist, geht es auch der Tierwelt noch gut, und so herrscht auf den Wiesen und am Uferrand ein reiches Insektenleben, wovon die Vögel und Lurche wieder profitieren. Der Weg führt uns weiter zum Dörfchen **Benzin** und zu den **Benziner Tannen** am Ostufer der Radegast. Hier sind im Frühjahr reiche Bestände der **Hohen Schlüsselblume** an den Röhrichten und auf den Wiesen zu bewundern. Wo findet man das heute noch in dieser Vielfalt? Vorüber an schönen Feldhecken und entlang feuchter Erlenbrüche erreicht man nach 2 km und Überquerung der Radegast die Ortschaft **Holdorf** mit Bahnstation an der B104. Mit Bahn oder Bus ist hier bereits Rückfahrt möglich.

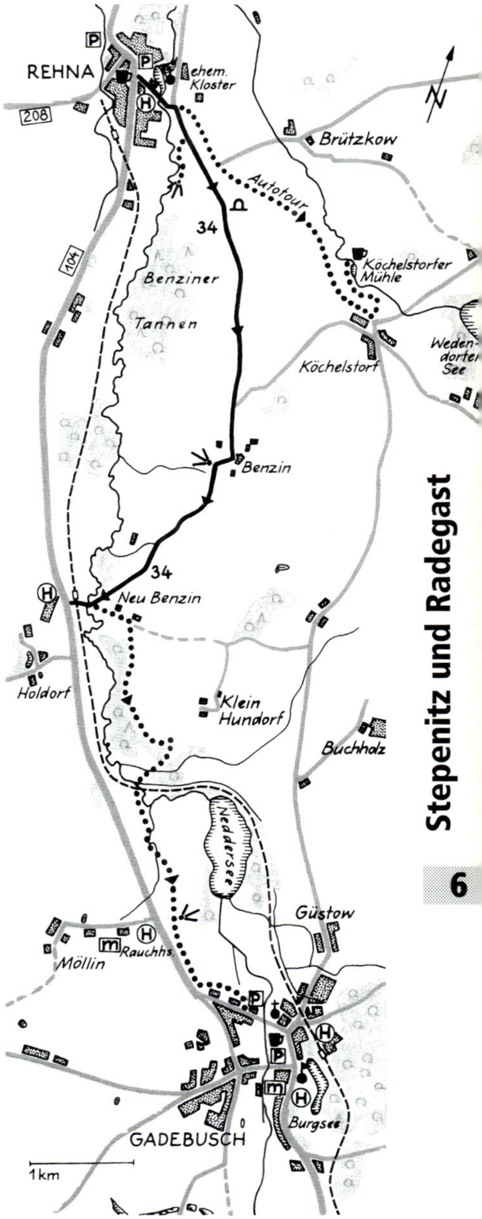

Wer weiterwandert, bleibt südlich von Holdorf am Ostufer, wo lehmige Hanglagen im Frühjahr mit vielfarbigen Blütentupfern besetzt sind. Kurz vor der **Holdorfer Landmühle** überqueren wir auf dem Wanderweg die Eisenbahnstrecke. Dort mündet ein Zufluß zur Radegast hinter einem Buchenhangwald, wo im Frühjahr noch die **Leberblümchen** blühen. Nun wird der Weg an der Westseite des **Neddersees** etwas beschwerlicher durch Quellhänge, urwüchsigen Auenwald und sumpfige Verlandungsbereiche; doch die Naturausstattung entschädigt den Wanderer. Kurz vor Gadebusch blicken wir zurück vom **Jensenberg** auf den Neddersee, den die Radegast durchfließt.

**Empfehlung** Motorisierten Touristen sei auch ein Ausflug zur **Köchelstorfer Mühle** und dem **Wedendorfer See** empfohlen (Landstraße Rehna – Grevesmühlen). → Pflanzenwelt

**Kulturgeschichte** Die Kleinstadt **Rehna** wurde 1232 erstmalig im **Ratzeburger Zehntenregister** erwähnt. Sie zeigt jedoch historisch kaum bedeutsame Entwicklungsetappen. Zeitweilig war sie **Amtssitz**, lebte aber im wesentlichen vom Durchgangsverkehr Lübeck – Schwerin. Neben wenigen bäuerlichen Wirtschaften prägten Handwerker den Charakter der Kleinstadt. Die 1870 gebaute Eisenbahnstrecke von Schwerin endete in Rehna. Industriestandorte blieben dadurch aus. Der Verkehrs- und Wirtschaftsanschluß an die Hansestadt Lübeck blieb somit versagt.
Steht man auf dem kleinen **Marktplatz**, so fallen einige schöne Fachwerkgebäude auf (Hotel Stadt Hamburg, Zeiss'sches Haus). Weitere Fachwerkbauten erblickt man beim Rundgang durch die Mühlenstraße, wo auch das bescheidene **Rathaus** steht, und in der Krugstraße. Geht man einige hundert Meter auf der Hauptstraße in Richtung Schönberg, so kommt man zum „Deutschen Haus", einem der ältesten Fachwerkbauten Norddeutschlands. Als sakrale Bauwerke bietet Rehna die **Stadtkirche**, deren älteste romanische Teile aus dem späten 13. Jahrhundert stammen, und Reste eines **Nonnenklosters** aus dem 15. Jahrhundert. Die Kirche besitzt einen Schnitzaltar (1520) und reiche Wandmalereien aus der Mitte des 14. Jahrhunderts mit Darstellungen aus der Kindheitsgeschichte Christi.

**Erdgeschichte** Die Tallandschaft der Radegast folgt einer Abflußrinne eiszeitlicher Herkunft, die nordwestlich zum Dassower-Schönberger-Becken verläuft und dabei unmittelbar südlich von Rehna die Hügelketten der Seenstaffelzone in dieser flachwelligen Grundmoränenlandschaft durchbricht.

**Pflanzenwelt** Die Feuchtwiesen und Verlandungszonen im Tal der Radegast sind Standorte seltener **Orchideen**, wie **Breitblättriges Knabenkraut** und Breitblättriger Sitter. Fieberklee, Sumpf-Labkraut, Sumpf-Blutauge, Echter und Sumpf-Baldrian sind nicht selten. Die Quellhanglagen und Verlandungszonen bergen artenreiche **Riedgrasgesellschaften** mit Hirse-Segge, Zweizeilige Segge, Gelb-Segge, Blasen-Segge und Schnabel-Segge. **Aronstab** und die **Einbeere** sind geschützte Seltenheiten dieser Bereiche. Wechselblättriges und Gegenblättriges Milzkraut bilden streckenweise Massenbestände. Eine besondere **Novität** für ganz Mecklenburg-Vorpommern ist bei Rehna zu finden – die **Perücken-Flockenblume**. Schon ab März bedecken große Bestände der **Hohen Schlüsselblume** die Feuchtwiesen zwischen Rehna und Gadebusch.
Wer einen Abstecher zum **Wedendorfer See** unternimmt, der findet dort neben

Schlüsselblumen am Wanderweg

krautreichen Hängen des Buchenwaldes mit Buschwindröschen, Waldgoldstern und Echtem Lungenkraut auch den seltenen **Hohlen Lerchensporn** mit seinen bunten Blütentrauben.
Für **Pilzfreunde** ist das Rehnaer Gebiet eine lohnenswerte Fundgrube mit teilweise recht seltenen Arten, wie den **Erdsternen** oder dem **Blasenförmigen Becherling**.

**Tierleben** Die feuchte Niederungslandschaft beherbergt eine Reihe von niederen Tieren, Insekten, Lurche und Vögel, die gern ihre Nahrung am Wasser suchen oder dort brüten. So findet man überall am Bachlauf der Radegast den **Graureiher**. Dieser langbeinige Stelzvogel, mit dem beim Flug S-förmig eingelegten Hals, läßt sich selbst von der Eisenbahn beim Fischzug nicht stören. Ein seltener Fischjäger, der **Eisvogel**, findet sich noch an den Steilufern der Radegast südlich von Holdorf. Im Bachwasser, wo auch Pfeilkraut, Teichmummel und Laichkräuter vorkommen, zeigen **Forelle**, Schmerle und **Elritze** gute Wasserqualität an und eine Fischrarität, das **Bachneunauge** soll bei Nesow und an der Rehnaer Wassermühle noch vorkommen.

# Mit dem Fahrrad entlang der Küste

Mehrtagestour von Travemünde nach Neubukow

Die Mehrtagestour ist für einen Zeitraum von 4 bis 5 Tagen vorgesehen und besonders für Besucher der nordwestmecklenburgischen Küstenregion geeignet, die abseits großer Straßen die **Natur pur** genießen möchten. Die ausgewiesene Wegstrecke ist besonders Radwanderern zu empfehlen, die aus Schleswig-Holstein und dem Raum Hamburg anreisen.
Der Weg führt über das Hochufer des Klützer Winkels an der Wohlenberger Wiek vorbei nach Wismar, enthält einen Tourenvorschlag zur Insel Poel, schlängelt sich danach durch die Boddenlandschaft des Salzhaffs nach Neubukow bzw. bis nach Rerik. Die **Rückfahrt** in die Heimatorte kann mit dem Zug ab Neubukow erfolgen. Vier Etappen führen nach Neubukow, aber man kann die Reise über Rerik an der Küste auch in Richtung Warnemünde fortsetzen…

---

**Anfahrt**
Von Lübeck stündlich bis Travemünde Hafen
Von Lübeck A 226 bis Abzweig Travemünde und Abfahrt zum Priwall. **P** in Travemünde, Trelleborgallee oder auf dem Priwall
**Wanderstrecke** → Touren 2, 3, 4, 8, 9, 11 und 13
**Orientierung** → Übersichtskarte der inneren Umschlagseite bzw. Kompass Spezial Wanderkarte: Wismar – Klützer Winkel – Grevesmühlen, Radtouren 1:50 000

---

1. Tag
**Von Travemünde bzw. dem Priwall zum Ostseebad Boltenhagen**

**Anreise** nach Travemünde
**Wegstrecke** etwa 25 km
**Information** → Tour 4
**Übernachtung** in Boltenhagen (Campingplatz)
Man setzt von **Travemünde** mit der Auto- und Personenfähre zum **Priwall** über. Im Hafen herrscht durch den Skandinavien-Fährverkehr und viele Segeljachten ein internationales maritimes Flair. Wir fahren die Mecklenburger Landstraße immer geradeaus über den Priwall und erreichen nach etwa 2 km Mecklenburger Territorium. Neue Straßen und Wege führen uns durch ein NSG entlang der ehemaligen innerdeutschen Grenze, nördlich von Pötenitz, Rosenhagen und Harkensee über die Harkenbäk zum **NSG Brooker Wald.** Im allgemeinen ist der frühere Kolonnenweg in Strandnähe gut befahrbar. Es besteht überall Bademöglichkeit. Von der hohen **Steilküste** am Brooker Wald und dem **Großklützhöved** hat man gute Fernsicht. Ab Steinbeck wählt man mit dem Rad den Weg in Richtung Redewisch an der Windmühle vorüber nach **Boltenhagen** (→ Touren 4 und 8).

2. Tag
**Entlang der Wohlenberger- und Eggers Wiek zur Hansestadt Wismar**

**Wegstrecke** etwa 23 km
**Information** → Touren 1, 2 und 3
**Übernachtung** Wismar oder Campingplatz Wohlenberger Wiek

Wir benutzen die Straße hinter dem Küstenschutzwald nach **Tarnewitz**. Weiter geht es über den von Kopfweiden gesäumten Wanderweg nach **Wohlenberg**. Direkt in Strandnähe kann man neben der Landstraße etwa 4 km um die **Wohlenberger Wiek** fahren (gute Bademöglichkeit). Vom Zeltplatz folgt man dem Weg nach Beckerwitz (Jugendherberge). Bei Interesse empfiehlt sich bei der Fahrt nach Hohen Wieschendorf ein Abstecher zum **Golfhotel**. Wir biegen von hier aus rechts ab und fahren entlang der **Eggers Wiek** zum **Zeltplatz Zierow**. Vom Ort Zierow aus geht die Fahrt auf der Nebenstraße über Fliemstorf zum Fischerdorf **Hoben**. Auf dem Weg am Hochufer geht es nach Wendorf, wo man direkt an der **Seebrücke** ankommt. Von Wendorf fährt man auf öffentlichen Radwegen entlang der B105 in die Innenstadt Wismars (→ Touren 1, 2, 3).

3. Tag
**Von Wismar zur Insel Poel**

**Wegstrecke** etwa 25 km
**Information** → Touren 12 und 14
**Übernachtung** Campingplatz Timmendorf

Von der Wismarer **Nikolaikirche** aus folgen wir der Straße „Hinter dem Chor", überqueren die Wasserstraße und den Bahnübergang und fahren auf der Poeler Straße immer geradeaus in Richtung **Redentin** und **Groß Strömkendorf**. Die hoch gelegene Landstraße bietet einen Ausblick auf die **Wismarbucht** und die kleine **Insel Walfisch**. In Groß Strömkendorf führt der Damm zur **Insel Poel** herüber (Einkehr: Hotel Schäfereck). Rechts und links blickt man hier in die flache Salzwiesenlandschaft und sollte spätestens an der Brücke anhalten, diese merkwürdige Pflanzengesellschaft zu betrachten. In **Fährdorf** wird rechts nach **Malchow** abgebogen und in Vorwerk wiederum rechts nach **Gollwitz**. Am Dorfteich Gollwitz wird links vorbeigefahren und dahinter nach links in einen Feldweg eingebogen, der parallel zum Steilufer zur (weit sichtbaren) **Nebelstation** führt. An deren Zaun geht es nach rechts vor zum Hochufer und zum Badestrand. Vom Kliff liegt dem Betrachter der Langenwerder, die Halbinsel Wustrow und das ganze Hinterland vom Boiensdorfer Werder bis zur Kirche Rerik vor Augen.

In Richtung **Timmendorf** muß man über Gollwitz bis Vorwerk zurück, biegt nach Kirchdorf ab, macht dort am Hafen Rast (im Kiosk wird meist Räucherfisch angeboten), besucht eventuell die Wälle und die Kirche, fährt dann über **Wangern** und Timmendorf weiter bis zum **Hafen** bzw. bis zum nördlich davor gelegenen **Campingplatz**.

Ein kleiner Umweg von Wangern auf Feldwegen über Hinterwangern nach Timmendorf rückt typisch mecklenburgische Ackerlandschaft ins Blickfeld und meidet zugleich den hier oft rasanten Fahrzeugverkehr.

Abendwanderungen nach Tour 14 können sich anschließen.

4. Tag
**Von Timmendorf zum Salzhaff und weiter nach Neubukow, dem Geburtsort Heinrich Schliemanns**

**Wegstrecke** etwa 20 km nach Pepelow (Camping am Salzhaff) bzw. etwa 24 km nach Neubukow
**Information** → Touren 9, 11 und 13
**Übernachtung** eventuell in Pepelow am Salzhaff (Camping), sonst Heimfahrt am gleichen Tag von Neubukow

Poel wird über Kirchdorf und Fährdorf verlassen und in **Groß Strömkendorf** am Schäfereck nach links in die Alleenstraße in Richtung Blowatz / Stove /

Boiensdorf eingebogen. Dabei kommt man an der markanten **Mühle** von **Stove** vorbei.

In **Boiensdorf** wird rechts nach **Pepelow** abgebogen. Von der Anhöhe der Straße bietet sich ein weiter Fernblick über das Salzhaff mit der Halbinsel Wustrow. Überhaupt lohnt sich gerade hier dieser oder jener Abstecher nach den Zielen der Erweiterungstouren von 11 / Rerik.

Über **Rakow** endet schließlich die Mehrtagestour in der Kleinstadt Neubukow, dem Geburtsort des Entdeckers der antiken Stadt Troja: Heinrich Schliemann. Ein Besuch im Schliemann-Museum könnte einen interessanten Abschluß bieten → Tour 11.

5. Tag

## Erweiterung über Rerik

Wer einen Tag mehr zur Verfügung hat, sollte nach der Übernachtung am Salzhaff bei Pepelow am 5. Tag den Abstecher über Rerik nach Neubukow wählen.

**Wegstrecke** etwa 22 km

**Information** → Tour 11

**Anschlußtouren**

Wer an der **Küste** weiterfahren will, kann von **Rerik** zunächst in Richtung **Meschendorf** fahren (rechts liegt im Feld ein romantisches Hünengrab). Von Meschendorf (schöner Badestrand vor dem Rieden) geht es über Kägsdorf hinter dem Rieden entlang schließlich nach **Kühlungsborn** zum nächsten Campingplatz. **Heiligendamm**, **Börgerende** (Camping) und Warnemünde (Camping) könnten die nächsten Stationen einer solchen Strandfahrt sein.

# Fremdenverkehrsinformation

Schwerin-Information/
Fremdenverkehrsamt
19055 Schwerin
Am Markt 11
Telefon (03 85) 56 09 31

Amt für Fremdenverkehr
und Werbung
23952 Wismar
Am Markt 11
Telefon (0 38 41) 28 29 58

Stadtinformation
Grevesmühlen
23936 Grevesmühlen
Große Seestraße 1
Telefon (0 38 81) 71 12 58

Kurverwaltung Boltenhagen
23944 Boltenhagen,
Ernst-Thälmann-Straße 66
Telefon (03 88 25) 2 92 84

Gemeindeamt Insel Poel
23999 Kirchdorf
Verbindungsstraße 2
Telefon (03 84 25) 3 47

Kurverwaltung Rerik
18230 Rerik
Dünenstraße 10
Telefon (03 82 96) 4 29

Fremdenverkehrsbüro
Klützer Winkel
23948 Klütz
Im Thurow 8
Telefon (03 88 25) 2 25 69

Fremdenverkehrsverein
Gadebusch e. V.
19205 Gadebusch
Steinstraße 8
Telefon (0 38 86) 22 06

Fremdenverkehrsverband
Wariner Naturpark
19417 Warin
Lange Straße 36
Telefon (03 84 82) 4 31

Fremdenverkehrsamt
Insel Poel
23999 Kirchdorf
Telefon (03 84 25) 2 03 47

Fremdenverkehrsverein
Salzhaff
Salzhaff-Information
Haus 24
23974 Stove
Telefon (03 84 27) 2 47

### Fahrgastschiffahrt

Weiße Flotte Schwerin
19055 Schwerin
Anleger Schloß
Telefon (03 85) 5 81 15 96

Reederei Clermont
23999 Gollwitz, Insel Poel
Telefon (03 84 25) 2 06 89

### Hotels in Schwerin
(Auswahl)

Best Western Hotel Plaza
Am Grünen Tal
19063 Schwerin

Europa-Hotel
Werkstraße 209
19061 Schwerin

Holiday Inn Crowne Plaza
(Eröffnung September 1995)
Eisenbahnstraße 21
19053 Schwerin

Hotel Fritz Reuter
Räthenweg
19063 Schwerin

### Hotels in Wismar
(Auswahl)

Hotel Bertramshof
Bertramsweg 2
23966 Wismar

Hotel Stadt Hamburg
Am Markt 24–25
23966 Wismar

Hotel Alter Speicher
Bohrstraße 12–12 a
23966 Wismar

Hotel Gothis
Sella-Hanse-Straße
23966 Wismar

## Die Allianz Stiftung zum Schutz der Umwelt

### Gründung und Auftrag

Aus Anlaß ihres 100jährigen Jubiläums hat die Allianz im Jahre 1990 eine Stiftung bürgerlichen Rechts errichtet. Sie führt den Namen Allianz Stiftung und hat ihren Sitz in München. Mit einem Stiftungskapital von 100 Millionen DM, das von den Allianz Gesellschaften aufgebracht wurde, gehört die Allianz Stiftung zu den größten Einrichtungen Deutschlands, die sich zum Ziel gesetzt haben, zu einem lebenswerten Dasein in einer sicheren Zukunft beizutragen. Dazu werden vielfältige Projekte im Umwelt- und Naturschutz in ganz Deutschland gefördert. Die Projekte sind Beleg für das Bemühen, den Stiftungsauftrag so fachkundig wie möglich zu erfüllen, der nicht ein mehr oder weniger unverbindliches Umweltsponsoring zum Ziel hat, sondern die Förderung unmittelbar wirksamer Maßnahmen im Mensch-Umwelt-System. Planung, Organisation, Durchführung und Kontrolle sämtlicher umweltbezogener Aktivitäten sind denn auch die Hauptaufgaben der Stiftung.

### Beispiele für Förderprojekte

Vorrangige Zielsetzung der Allianz Stiftung ist, Projekte mit Modellcharakter zu fördern, die den neuesten Entwicklungen im Umwelt- und Naturschutz entsprechen. Grundlage dazu ist eine sachliche, fachkundige und von Umweltideologie freie Fördertätigkeit. Mit den Förderprojekten sollen Beispiele gezeigt werden, die nicht nur kurzfristig eine nachhaltige Wirkung entfalten, sondern Vorbilder für eine überzeugende Umweltverbesserung sind.
Die Förderprojekte der Allianz Stiftung erstrecken sich von Rügen bis Bad Tölz.

### Naturschutz im grünen Herzen Rügens

Rügen gehört zu den schönsten Küstenlandschaften Deutschlands. Das Bild der Insel wird im Bewußtsein vieler Menschen von den berühmten Kreidefelsen geprägt. Nach der Wende wurde das Gebiet um die Kreidefelsen zum Nationalpark erklärt. Weniger bekannt ist, daß das Innere der Insel, das grüne Herz Rügens, durch kollektive Mißwirtschaft verwüstet wurde. Speziell die Gewässer sind stark verschmutzt – ja teilweise zur Kloake verkommen. Diese zu sanieren ist Hauptaufgabe des Förderprojektes auf Rügen. Die Allianz Stiftung hat es sich zur Aufgabe gemacht, das Herz Rügens wieder im alten Rhythmus zwischen Natur und Nutzung schlagen zu lassen.

### Der Mauerpark in Berlin

Die Berliner Bezirke „Prenzlauer Berg“ und „Wedding“ gehören zu den am dichtesten besiedelten Gebieten Europas. Für jeden Einwohner stehen dort nur ungefähr 20 Quadratzentimeter Grünfläche zur Verfügung. Zwischen den beiden Bezirken verlief vor der Wende der Todesstreifen mit der Berliner Mauer. Nach dem Fall der Mauer breitete sich dort ein wüster Müllplatz aus. Mit Unterstützung der Allianz Stiftung zum Schutz der Umwelt hat der Berliner Senat an dieser Stelle den Mauer-

park geschaffen. Bereits 1994, genau fünf Jahre nach dem Fall der Mauer, ist dieser Park für die Bevölkerung zugänglich. Eine grüne Oase mitten im Häusermeer lädt nun Alt und Jung zum Spielen, Toben und Erholen ein.

**Patenschaft für den Spreewald**

Für den Spreewald, eine in Mitteleuropa einmalige Kulturlandschaft, hat die Allianz Stiftung die Patenschaft übernommen. Zum Schutz und zur Entwicklung dieser einzigartigen Kulturlandschaft werden von der Allianz Stiftung vielfältige Projekte gefördert. So werden durch landschaftspflegende Maßnahmen Feuchtgebiete als hochwertige Lebensräume für die Tierwelt erhalten. In den vielfältigen Lebensräumen des Spreewaldes sind noch etliche, in weiten Teilen Deutschlands selten gewordene Tierarten anzutreffen, so der Fischadler, der Schwarz- und Weißstorch. Damit der Storch auch weiterhin im Spreewald seine Heimat findet, werden Brutplätze für ihn geschaffen. Zur Förderung eines umwelt- und sozialverträglichen Tourismus werden von der Allianz Stiftung Naturschutzzentren und Informationspavillons eingerichtet.

**Renaturierung des Neckarufers in Stuttgart**

Durch die hochwassergerechte Verbauung der Gewässer sind ökologisch wertvolle Biotope in den Städten verlorengegangen. Aufgrund neuer Erkenntnisse sind heute Hochwasserschutz und Biotopschutz miteinander vereinbar. Mit dem Rückbau des betonierten Neckarufers wurde wieder ein Lebensraum für Pflanzen und Tiere am Wasser geschaffen und zugleich ein Naherholungsgebiet für die Bevölkerung erschlossen. Spaziergänger erleben heute am Neckarufer eine Idylle – Natur in der Stadt.

**Schutz der Bergwelt**

Die Alpen stellen das sensibelste Ökosystem in Europa dar. Besonders Skifahren als Massensport gefährdet zunehmend die Natur in den Bergen. Die Allianz Stiftung unterstützt die Stadt Immenstadt bei der Renaturierung eines Skigebietes. Es werden alle Skilifte, Anlagen und Gebäude abgebaut, anschließend die Waldschneisen wieder aufgeforstet und die Wanderwege saniert. Mit diesem Projekt soll ein Beispiel für einen „sanften Tourismus“ in den Alpen gezeigt werden.

# Geografisches Register